NAIM JEROME
ANTOINE SABANI

AUCH

DIVEN

MÜSSEN

MAL...

... KACKEN

**Bibliografische Information der
Deutschen Nationalbibliothek**
Die Deutsche Nationalbibliothek verzeichnet diese
Publikation in der Deutschen Nationalbiografie;
detaillierte bibliografische Daten sind im Internet über
http://dnb.d-n.de abrufbar.

Am Sommerrain 1
71522 Backnang
info@sabani-top-style.de
www.sabani-top-style.de

Umschlaggestaltung: mein-Werbepartner.com
Coverfoto: Gabi Geier
Fotos im Innenteil: privat
Lektorat & Buchsatz:
Peter Kortz-Frankemölle für
Pageturner Production GmbH
www.pageturnerproduction.com
Druck: mein-Werbepartner.com
ISBN: 978-3-00-071979-0
2. Auflage

INHALT

Prolog oder Einlauf 7

1. Bredouille 13
2. Dorfleben 19
3. Relationship 39
4. Hairvorragend 73
5. Happy Family 89
6. Weisheiten 99
7. Reisen 111
8. Comedy 131
9. TV-Shows 145
10. Modepolizei 149
11. Fetisch 155
12. Food and Cook 159
13. Komische Fragen 173
14. Beim Arzt 177
15. Spartricks 185

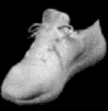
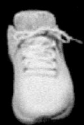

PROLOG
ODER
EINLAUF

Vielen Dank, dass Sie dieses Buch gekauft oder erworben haben. Sie können sich als Gewinner betrachten. Jetzt sind Sie ein Philantrop, weil Sie etwas Gutes getan haben. Buch für Sie … Benefit für mich.

Es ist ein Buch, das mit Hilfe von bekannten, unbekannten, alten, neuen, unbedarften, infantilen, zotigen, schlüpfrigen und komischen Sprüchen und Witzen versucht, Comedy in unseren Alltag einzubringen und uns hilft, das Leben etwas leichter zu nehmen.

Es begann alles mit einem ›Fötzeli‹ (Schweizerdeutsch für ein Stück Papier). Ich lag in meinem Bett. Irgendwo zwischen Tagesbewusstsein und Traum ist der helle Moment, in dem unsere Sinne den Verstand schärfen. Der sogenannte Alphazustand. Man weiß nicht mehr genau, ob man träumt oder ob es real ist.

Als Träumer begann alles mit einem Traum: Es ist der 32. Oktober 1988. Ich sitze auf meinem umgekehrten Stuhl und reite darauf wie ein Cowboy. Es ist eine Aufführung der Theater-AG meiner Schule. Ich bin der Boss der Schurkenbande und muss was sagen. Ich kann meinen Text nicht. Der Lehrer sagt zu mir »Schau auf deinen Zettel, schau auf deinen Zettel.« Ich schreie schweißgebadet »Ich habe keinen … ich habe keinen …«

Nach diesem Schreckmoment hatte ich immer ein Fötzeli bei mir. Sowas wird mir nie wieder passieren. Immer, wenn mir etwas einfällt oder ich eine witzige Situation sehe, schreibe ich sie mir auf. Nicht mein großes Vorbild

Peter Alexander, sondern Showlegende Rudi Carell hat mal gesagt: »Bevor du was aus dem Ärmel ziehen kannst, musst du vorher was reintun.«

Wir kommen ohne Zähne, Haare und Gedächtnis auf die Welt. Wir pinkeln uns in die Hosen, müssen gefüttert werden und können nicht sprechen. Wenn wir wieder gehen, ist alles wieder so wie wir gekommen sind. Deswegen mein Credo: »Anfang und Ende sind gleich. Nutzt die Zeit dazwischen!«

Mit 16 wollte ich die Welt verändern. Mit 32 einfach nur glücklich sein. Jetzt bin ich froh, wenn ich meine Ruhe habe und mir keiner auf den Sack geht.

Wieso heißt der Titel »Auch Diven müssen mal … kacken«?

Erstens finde ich ihn sehr witzig. Er soll uns veranschaulichen, dass man nicht alles auf die Goldwaage legen sollte.

Zweitens: Nehmen wir Jennifer Lopez – eine Hammerfrau, die jeder Mensch auf der Erde als Schauspielerin, Sängerin, Model, Modeunternehmerin kennt. Stellen wir uns mal diese Dame als Hausfrau vor, die schon wieder die Pizza im Ofen verbrannt hat. Stellen wir uns nur mal diese Diva auf dem Donnerbalken vor wie sie dem Porzellan zeigt wer der Boss ist. Was? Sie können sich nicht vorstellen, dass Jennifer Lopez auf der Toilette sitzt? Sie wollen sich die Illusion nicht kaputt machen? Genau darum geht es.

Viele Menschen suchen nach dem Traummann oder der Traumfrau. Perfekt und makellos sollte der Partner oder die Partnerin sein. Doch gibt es das wirklich? Traumfrauen und Traummänner …??

Wie der Name schon sagt: Es sind Träume.

Eine hübsche Frau, die furzt.

Ein schicker Mann, der Mundgeruch hat.

Ein Kollege, der nett ist, aber Schuppen hat.

Ein Kleinkind, das nicht lieb und freundlich ist.

Eine schöne Nachbarin, die sich nach dem Toilettengang nie die Hände wäscht.

Ein Kollege, der seinen eigenen Urin trinkt.

Es gibt nie das Perfekte. Ich denke, dass Menschen eine Illusion im Leben brauchen.

Deswegen: open your mind … Auch Diven müssen mal kacken.

Mein großes Vorbild war Philosoph und Dandy Gottlob Puffier de la Bordelaise. Er lebte von 1802 bis 1969 (ja genau, er wurde so alt). Sein Credo war:

Wer feiern kann, der kann auch arbeiten.
Wer vögeln kann, der kann noch lange nicht
fliegen.

Ich stelle alles auf den Kopf!

Ich gehe jeden Tag zum Fitness-Studio …
gut, einmal im Monat gehe ich auch rein.

1. BREDOUILLE

Ein lautes »NEIN, NEIN« einer gestressten, werdenden Mutter hallte durch den Kreissaal eines französischen Ortes in der Bredouille. Das Krankenhaus ist eingerahmt von Weinbergen. Ich bin am ersten April um 4.23 Uhr geboren. Seitdem bin ich nie wieder so früh aufgestanden.

Ich bin Fifty-Fifty. Halb französisch – und halb arabischer Abstammung. Meine Mutter kommt aus Lyon. Ein guter Bekannter meines Vaters kommt aus Kairo. Mein Dad meinte, man könne sein Kind nicht »Nein« nennen.

Wie wäre es mit Naim? Voila: Naim Jérôme Antoine Sabani.

Naim ist ein sehr begehrter Name im Harz. Hartz IV.

Ein Name, der mit Leben gefüllt werden muss.

Die Hebamme hatte Haare wie die rote Zora und war weiß geschminkt wie ein Clown. Das war das erste, was ich sah. Daher kommt wahrscheinlich meine Coulrophobie (Angst vor Clowns).

Es gab da mal eine Geschichte von einem Serienkiller und Kannibalen, der Clowns gekillt und dann gegessen hat. Aber sie mussten noch das Clownskostüm anhaben. Als sie ihn schnappten, wollten die Polizisten wissen, warum er so was getan hatte. Er antwortete dann: »Clowns schmecken irgendwie komisch …«

Eigentlich kommen alle Babys als Jungs auf die Welt.

Kaum sind sie endlich draußen, gibt man ihnen einen

Klaps auf den Hintern. Bei den ganz dummen Babys fällt der Pullermann ab.

Hier eine paar Merkmale bei Schwangeren. Junge oder Mädchen ?
  Man geht in die Breite: Mädchen
  Bauch wächst spitz nach vorne: Junge
  Schwangeren wird Schönheit genommen: Mädchen
  Schwangere Frau strahlt: Junge
  Lust auf Süßes: Junge
  Lust auf Saures: Mädchen
  Doggy Style: Junge
  Socken getragen: Mädchen
  Missionarsstellung: Mädchen
  Licht aus: Junge
  Währendessen Fussball schauen: Mädchen

Als meine damalige Freundin schwanger war, hatte ich ein Problem mit dem Sex, weil ich das Baby nicht verletzen wollte. Für viele ist Sex mit einer Schwangeren das Größte. Ich habe mich immer gedrückt, wenn ich ran musste und habe gehofft, dass mein Baby einen guten Duckreflex hat. Aber wenn ich meine Tochter heute sehe, denke ich, dass sie viel abbekommen hat.

Warum ist eine Schwangere für viele Menschen der heilige Gral? Das ist schon irgendwie ungerecht. Bei Schwangeren freuen sich alle so: »Oh wie süß –darf ich mal den

Bauch streicheln?« Im Endeffekt gibt die Schwangere nur damit an: »Schau mal, ich habe gevögelt.«Wo bleibt da die Gleichberechtigung? Keiner geht zum Mann und rubbelt ihm den Schwanz und sagt »Gut gemacht!« …

Ich finde schwangere Frauen auch sehr unleidlich und ungerecht. Bei meiner ersten Geburt war ich 20 Stunden im Kreißsaal. Das komplette Programm mit Schreiattacken, PDA und so weiter. Ich ging raus, um kurz frische Luft zu schnappen. Als ich wieder in den Kreißsaal kam, schrie mich die Schwangere an: »Du Schwein, hau ab! Verschwinde …« Okay, ich war im falschen Kreißsaal und es war nicht meine Frau, aber trotzdem war sie ja ziemlich frech und unfreundlich zu mir.

Mein Nachbar, der Horscht Hägele (ja, mit ›sch‹), war im Kreißsaal bei der Geburt seines 3. Kindes dabei. Er hatte schon zwei hübsche Mädels. Es wurde ein Bub – ein ganz hässlicher Vogel. Er sagte zu seiner Frau Emma: »Hast du mich betrogen?« Sie sagte: »Nein, diesmal nicht.«

Ich habe zehn Kinder – zwei hier, acht in Malle. Ich will eine Vasektomie machen. Mein Sohn fragt mich: »Warum willst du eine Vasektomie machen? Hast du Probleme mit deinem Auto?«

Ich war beim Arzt und sagte zu meiner Frau: »Ich soll beim nächsten Check eine Urin-, Kot- und Samenprobe mitbringen. Da meinte sie: »Dann nimm doch einfach die graue Cordhose mit.«

Fremdgehen in der Traumwelt ist häufig ein Hinweis auf ein Unrecht. Es verlockt den Träumenden, jemanden zu betrügen. Erscheint dieses Traumbild, dann soll es den Träumenden davor warnen, dieses Unrecht zu begehen. Wenn der Träumende der Verlockung widersteht, dann wird er sein Leben lang Glück und Erfolg haben. Deswegen ein Tipp von mir: »Geht fremd, aber nur mit der eigenen Frau.«

Als junger Kerl, ich war 15 Jahre alt, wollte ich unbedingt Fußballprofi werden. Real Madrid wollte mich damals für 3 Millionen DM. Ich wusste aber nicht, wo ich das Geld hernehmen sollte.

Später gab es dann ein neues Angebot von REAL, aber ich wollte nichts mit Lebensmitteln und Menschen machen.

Ich bin nicht völlig unbrauchbar, ich kann als schlechtes Vorbild genommen werden.

Ich bin ein Mann für gewisse Probleme.
Wie groß soll das Problem werden?

Ich war schon immer ein Stimmungsmacher. Wenn ich komme, ist die Stimmung im Keller.

Es tut mir leid, wenn ich gewisse Erwartungen anderer nicht erfülle, aber meine sind mir wichtiger.

Ich mag »on the rocks«!

2. DORFLEBEN

Weil mein Vater in Deutschland arbeitete, sind wir mit der ganzen Familie in einen kleinen schwäbischen Ort im Rems-Murr-Kreis gezogen. Ein idyllisches Örtchen umgeben von Weinbergen. Es gab zwei Straßen – eine Straße führte in den Ort rein, die andere Straße aus dem Ort raus. Damals, in den Siebzigerjahren, war der Wein anscheinend nicht so gut. Der Trollinger Lemberger war ein besserer Essig. Heutzutage ist er besser denn je und man kann ihn auch zum Kochen benutzen. Manche gießen sogar was ins Essen. Aber was der Trollinger Lemberger schon immer hatte, war, dass der Trollinger in den Kopf geht und der Lemberger in die Füße.

Ich mag diese Menschen aus dem Ländle. Ich mag ihre Eigenschaften: sparsam, bescheiden und danach bestrebt, etwas zu schaffen. Im Schwäbischen nennt man fleißige Menschen: »schaffig«. Menschen, die Schwaben nicht mögen, haben diese Leute nie richtig kennengelernt. Sicher sind sie etwas unnahbar und holzig am Anfang, aber wenn man sie zum Freund gewonnen hat, dann hat man eine Freundschaft für das ganze Leben.

Schwaben sind herzlich und hilfsbereit. Natürlich gibt es auch ›Schofseggl‹ (›Schafpullermann‹), aber die gibt es doch überall. Ein ›Muggaseggl‹ (Pullermann einer Mücke) ist die kleinste schwäbische Einheit. Diese Verkleinerungen bzw. Verniedlichungen haben mir schon immer sehr gefallen.

- Maus – Mäusle
- Haus – Häusle
- Bank – Bänkle
- Frau = Schatzamoggele oder Schneggle
  (Wiaschde Schnepf ist eher Kosewort)

Was ich sehr bei den Schwaben schätze, ist der trockene, auf den Punkt gebrachte und sehr entwaffnende Humor. In diesem Buch ist so viel davon enthalten. Ich hoffe, dass ihr auch Spaß damit habt. (Natürlich schwingt in den Aussagen immer ein Hauch Satire mit.) Diese Sprüche und Weisheiten haben mir schon in allen Lebenslagen geholfen.

Meine Nachbarin Edelgard meinte immer: »Ein Glas Wein am Tag ist gestattet … aber es darf auch nachgeschenkt werden.«
Wahrscheinlich ist sie eine Alkoholikerin.
Am Bett im Nachttisch hatte sie einen Sherry. Dieser putschte Ihren Kreislauf hoch, dann kam sie leichter aus dem Bett. Zum Frühstück gab es immer Haferflocken mit Rum. Den ganzen Tag gibt es Wein.
Sie saß auf der Terrasse und rauchte eine Zigarette. Da kam ein Mann vorbei und sagte: »Es ist schön zu sehen, wenn eine ältere Dame so glücklich und zufrieden ausschaut.« Edelgard meinte: »Ja, jeden Tag 60 bis 80 Zigaretten, keinen Sport und viel Alkohol.« »Unglaublich«, staunte der Mann. »Und darf ich Sie fragen, wie alt Sie sind?« Edelgard ganz stolz: »39.«

Einmal war sie sehr traurig, als sie vom Arzt kam. Obwohl sie nur Wein, Bier und Schnaps trank, hatte sie Wasser in den Beinen. Wahrscheinlich kam das vom Zähneputzen.

In dem Ort 30 Kilometer nördlich von Stuttgart spricht man das Schriftdeutsch-Schwäbisch … es ist das royale Schwäbisch. Früher in der Barockzeit haben nur die gebildeten Menschen schwäbisch gesprochen. Das ist heute noch so.

> *Da gibt es die Geschichte, als die Sprachen verteilt wurden. Anscheinend war keine mehr übrig. Gott meinte dann zu den Schwaben: »Dann schwätzet halt wie I.«*

Der Lieblingsspruch von ihr war immer: »Mer sod sich lieber Spätzle anstatt Sorga macha.« (Man sollte sich immer lieber Spätzle machen und keine Sorgen.) Schwaben essen gerne Spätzle, weil sie keine Gräten haben.

In dem Dorf lebten 800 Einwohner. Die Hälfte davon Kühe.
Mein Nachbar war Landwirt. Es gab damals Bücher für verschiedene Automarken. Unter anderem Anleitungen, wie man die Autos selber reparieren konnte. Etwa die ersten 20 Seiten waren nur Schimpfwörter drin … So wie mein Nachbar immer geflucht hatte.
Er meinte auch, dass Frauen es beim Sex immer leichter hätten wie die Männer. Wieso? »A Loch hagelt net om«

(Ein Loch kann nicht umfallen.). Außerdem war er der Meinung, Kinder sind die Strafe Gottes für unsere Sexualität.

So läuft eine Gespräch in einem schwäbischen Hühnerhof ab.

Henner Henna?
Henna hemmer
Henner Henna henna?
Henna hemmer henna.
Henner Henna au haussa?
Henna hemmer au haussa.
Also henner Henna henna ond haussa.
Hemmer.
Henner mol Henna henna ond henner mal Henna haussa?
Des kommt druff a, wo dr Gockel isch.
Wenn dr Gockel haussa isch, send no di Henna henna?
Noi die meischde Henna send haussa.
Ond die Henna die wo henna send, worum send die Henna henna und net haussa?
Weil die Henna haussa scho vom Gockel gfägelt wora send, send die Henna henna.

Wie es üblich war in so einem Dorf, mussten wir uns selber aufklären. Die beste Verhütungsmethode war der Coitus interruptus. Also mein Vater hat es so gemacht. Mein Großvater und mein Urgroßvater genauso. Beste Verhütungsmethode ever.

Mein anderer Nachbar, Ahmed, kam aus der Türkei. Er arbeitete immer Nachtschicht bei Daimler. Das bringt am meisten Kohle, aber er kann dafür nur ganz schlechtes Deutsch. Er hatte mal einen Unfall vor seinem Haus. Die Straße war glatt und beim Ausparken rutschte er auf eine Straßenlaterne. Als die Polizei ihn befragte, meinte er: »Ich bin dem ausgerutscht … nicht wegen dem Regen und nicht wegen dem Schnee … diese andere Material.«

Er machte dann auch einen Einbürgerungstest bei der Gemeinde. Der Beamte fragte: »Wie viele Bundesländer gibt es und wie heißen sie? Er sagte: »Es sind viele und ich heiße Ahmed.«

Schräg gegenüber war ein Stall mit Pferden. Meine Nachbarinnen waren Reiterinnen und animierten mich dazu, den Pferden Zucker als Leckerli zu geben. Ich streckte also meine Hand aus und gab einem Pferd einen Zuckerwürfel. Daraufhin biss mir das Vieh in den Finger. Ich hatte so einen Hass auf die Mädels, dass sie mir meinen Traum kaputt gemacht haben, weil ich unbedingt Jockey werden wollte. Okay – ich habe Angst vor Pferden, aber trotzdem wäre aus mir wahrscheinlich einer der besten Jockeys geworden. Fett bin ich auch, aber das ist nicht mein Problem.

Ich war im evangelischen Kindergarten und beim CVJM.

Mein Bruder war im Katholischen Kindergarten. Meine Mutter war Muslima und meinem Vater war alles scheißegal. Mein Kumpel fragte: »Betet ihr vor dem Essen?« »Nein, wir kommen aus Jugoslawien, meine Mutter kann kochen.«

Ich war dann auch öfters beim Gottesdienst. Aber ich muss sagen, dass die Kirche nicht mein Ding ist. Zu traurig und viel zu ernst.

So nach dem Motto: Bitte nicht lachen, wir sind hier im Gottesdienst!

Ich hatte auch immer viele Fragen.

Warum wollen die Leut immer zu Johannes dem Teufel?

Warum heißt es Weihnachten nicht Biernachten?

Warum war bei 12 Freunden von Jesus nur ein Arschloch dabei?

Warum hatte Jesus so viele Anhänger aber keinen Laster?

Wenn man eine Bibel bei eBay verkauft, warum bekommt man immer 10 Gebote?

Ich habe Nachbarn. Er heißt Orlando King und kommt aus den USA. Sie heißt Emilie Bürger. Sie haben jetzt geheiratet und haben einen Doppelnamen. Sie heißen jetzt Bürger-King.

Ich habe mich mit ihm unterhalten. Er erzählte mir, dass er in Vietnam war. Ich fragte ihn: »Und, war es schlimm mit dem Krieg und so?« Er meinte: »Nein wieso? Ich war Sextourist.«

Ich habe Emilie gefragt, ob sie mal in Vietnam war und sie sagte: »Hanoi:« (schwäbisch für ›natürlich nicht‹).

In den Achtzigerjahren waren Karel Gott und Grace Jones ein Liebespaar. Sie haben nicht geheiratet, weil Grace Jones es affig fand, dass sie dann wie ein Gruß im Süden Deutschlands klänge.

Greis Gott.

Ich habe zwei Nachbarinnen. Sandy und Mandy. Sie haben sich unten auf der Straße gestritten. Ich bin dann sofort in meiner Unterhose runtergelaufen, damit die Nachbarn denken, es ginge um mich. Aber es ging gar nicht um mich, sondern um die Tochter von Sandy. Anscheinend hat Peggy zu ihrem Großvater gesagt, er solle das Auto von seiner Mutter von Schnee und Eis befreien. Als er fragte: »Warum soll ich das machen?«, antwortete Peggy: »Papa meinte: ›Wenn Opa abkratzt, fahren wir ins Disneyland.‹«

Die Peggy ist so ein verrücktes Huhn. Sie ging mal in die Apotheke und wollte Tampons kaufen. Die Apothekerin sagte: »Hallo Mädel, bist du nicht zu jung für Tampons? Wie alt bist du?«

Peggy sagte: »Ich bin 8 Jahre alt. Aber die Tampons sind nicht für mich, sondern für meinen kleinen Bruder … der ist 4 Jahre alt.«

Die Apothekerin ganz schockiert: »Aber wieso braucht dein Bruder Tampons?« Peggy antwortete: »In der Werbung habe ich gesehen, dass man mit Tampons sehr gut Schwimmen, Radfahren und Tennis spielen kann … und mein Bruder kann gar nix.«

In unserem Dorf ist dieses Sprichwort eines der größten Komplimente, die man einer Frau machen kann: »Du siehsch aber abgschafft aus.«

Mir erzählte mal meine Nachbarin Emma, dass ihr Mann Horst nicht so recht bei Ihrer Mutter ankam. Er war ihr ein bisschen suspekt. Sie meinte: »Pass uff, der hat a Fahrrad, der kommt zu arg rom.«

Als Kind habe ich mal einen einarmigen Mann im Dorf gesehen. Wahrscheinlich suchte er nach einem Second Hand Shop.

Ich war kein guter Schüler. Als der Lehrer sagte, er wolle nicht immer die gleichen Finger sehen, hob ich meinen Mittelfinger. War auch wieder nicht richtig.

Der Großvater von Horst wollte mal mit seinem Sohn den Weinberg düngen. Sie hatten eine Wanne voll mit gebrauchtem Essen. Als der Sohn aus dem Stall rauslief, verlor er den Halt, knickte um und alles fiel auf den Boden. Der Vater war außer sich und schrie: »Jetzt haben wir ein Vierteljahr umsonst geschissen.«

Oft hat mir der schwäbische Kompass geholfen, wenn ich nicht weiterwusste. Ich habe eine Links-Rechts-Schwäche.

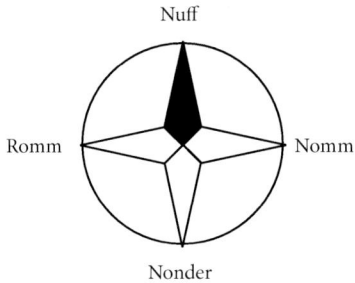

Nuff

Romm

Nomm

Nonder

Schwäbische Zeiteinheiten:
Jetzedle 1 Minute
Glei: 5 Minuten
Bald: 30 Minuten
Nochher: 1 Stunde
Sbäder: 4 Stunden
Irgendwann A Mol: Nie

Wir hatten in unserem Dorf eine Dame. Wir nannten sie Madame Shou Shou. Heutzutage würde man sie Sharmutta nennen. Früher war es eine Milf-Champions-League-Dorfmatratze. Für einen Drink war sie allzeit bereit. Als ich sie nach dem Kneipenbesuch heimbegleiten wollte –es ging durch ein Stückchen Wald – war sie nicht abgeneigt mit mir zu gehen. Wir liefen also durch den Wald, dann meinte sie: »Ich habe das komische Gefühl, dass du mich bumsen willst.« Ich war erstaunt, wie klug sie war. Dann sagte sie: »Bitte bums mich, dass ich das komische Gefühl loswerde.«

*Liebe ist, wenn beide vom Waldspaziergang zu-
rückkommen.*

Eine Nachbarin meinte bei der Beerdigung ihres Mannes, dass sie gerne seine Asche in einer gläsernen Urne
aufbewahren wollte. »Warum denn eine gläserne Urne?«,
wurde sie gefragt. Sie antwortete: »Weil er zu Lebzeiten so
gerne aus dem Fenster geschaut hat.«

Aber es war wirklich eine langweilige Beerdigung. Meine Freundin und ich waren die einzigen, die getanzt haben.

Der älterer Mann meinte mal: »Wenn er beerdigt wird,
dann will er, dass man eine volle und eine leere Flasche
Bier mit zu ihm in den Sarg legt.« »Warum das denn?«
»Falls er irgendwann mal ausgegraben wird, werden die
Leute sagen: ›Schau mal – eine Flasche hat er noch ge-
schafft!‹«

Ich spiele ja kein Golf. Ich fahre einen Mini-Golf. Auf
einem Golfplatz bei Stavanger in Norwegen ereignete
sich folgende Geschichte: Der Besitzer hatte ein riesiges
Problem. Seit ein paar Jahren gab es einen Unbekannten,
der immer die Löcher auf den Golfplätzen ›füllte‹. Im
Klartext: Er hat die Löcher zugekackt. Aber er benutzte
immer Klopapier, dass er nach vollendeter Tat neben den
Löchern liegen ließ.

Was für eine unschöne Scheiße. Alle Versuche, den
Kot-Troll zu stellen, waren bislang erfolglos verlaufen.

Trotz Kameras und Scheinwerfern konnte man nicht fest-stellen, wer diese Person war. Besonders die Löcher 4 und 6 schienen es ihm angetan zu haben. Wer am meisten zu bemitleiden war? Der Greenkeeper, der den Platz instand halten musste. »Am Anfang war der Kot noch hart, aber dann wurde er dünnflüssiger. Wahrscheinlich benutzte der Täter Abführmittel. Ganz klar – der Täter war ein Mann. Was wir fanden, war derart viel, das konnte nicht von einer Frau stammen. Immerhin achtete er auf seine Körperhygiene. Aber mir wäre es dann doch lieber, wenn er eine normale Toilette benutzen würde, wie allen andere auch.«

Es ist ein wahrer Traum, in einer Weingegend aufzu-wachsen.

Außer vielleicht für Autofahrer. In einer Weingegend wurde einem Autofahrer nach einer Alkoholfahrt der Führerschein entzogen. Er hat daraufhin das Amtsgericht nur mit einem Stern bewertet.

Seine Rezension: »Mir wurde wegen kümmerlichen 2.5 Promille für 2 Monate der Führerschein entzogen. Ich hätte mehr Kulanz in einer Weingegend erwartet. Ich habe schon von Gerichtsfällen in der Pfalz gehört, dass es da für gleiche Anklagen schon Freisprüche ge-geben hat.«

Meine Nachbarin Mandy wollte heiraten. Sie fragte Emma nach Tipps. Emma war schon sechsmal verheirat. Wenn man sie gefragt hat, wie die Hochzeitsnacht war, sagte sie: »So wie immer.«

Mandy wollte wissen, was sie in der Hochzeitsnacht anziehen sollte. Da meinte Emma: »Nur die Beine, Schätzchen, nur die Beine.«

Als ich ein Kind war, standen im Industriegebiet immer ein paar Damen rum und haben Ihre Dienste angeboten. Sie sagten: »Für 50 Euro mache ich alles.« Eine Frau hat dann bei meinem Onkel Laminat verlegt.

Meine Nachbarin Mandy ist keine so gute Hausfrau. Das bemängelt meine Nachbarin Emma immer wieder, wenn sie mit ihrem Mann im Wintergarten frühstückt.

Einmal meinte sie: »Schau mal die Wäscheleine unserer Nachbarin an. Mandys Wäsche ist immer so grau. Ich glaube, sie hat keine gute Waschmaschine.«

Am nächsten Tag sagte sie wieder zu ihrem Mann, der schon genervt war: »Jetzt schau dir mal die Wäsche von der Mandy an. Wahrscheinlich benutzt sie einfach kein gutes Waschpulver. Ihre Wäsche ist so grau.« Am nächsten Tag war sie total erstaunt und sagte zu ihren Mann: »Schau mal da rüber. Die Wäsche ist total weiß. So wie es aussieht kann die Mandy doch was.« Der Mann grinste nur und sagte zu seiner Frau: »Du – ich habe nur mal deine Fenster geputzt.«

Die Emma hört auch nicht besonders gut. Bei Edeka fragte die Kassiererin sie: »Brauchen Sie eine Tüte?«, dann sagte Emma: »Nein danke, wenn ich jetzt kiffe, dann vergesse ich wieder die Hälfte.«

Wir Nachbarn haben auch eine WhatsApp-Gruppe. Falls jemand in Urlaub geht, dass sich die Nachbarschaft um Blumen gießen, Katze füttern und so fort kümmern könnte. Eine tolle Sache. Manchmal aber ging über die Gruppe auch nur Smalltalk. Letztens schrieb Mandy in der Gruppe, dass sie morgens mit ihrem vier Jahre alten Golf zur Arbeit gefahren sei. Ihr Freund hatte Spätschicht. Aber nach drei Kilometern blieb das Auto stehen. Sie lief nach Hause und erwischte ihren Freund im Bett mit der 19-Jährigen Nachbarin. Sie war total entsetzt und fragte in der Gruppe nach Rat. »Was soll ich jetzt machen?« Nachbar Ahmed ist Mechatroniker. Er meinte: »Eigentlich dürfte es da keine Probleme geben, weil das Auto nicht so alt ist, aber manchmal kann es an der Elektronik liegen oder es ist was mit der Einspritzpumpe.«

Obwohl die Mandy und ihr Freund sehr ähnlich ticken. Als sie es mal beim Sex total übertrieben haben und Mandy richtig laut war, hab ich ihm eine Nachricht geschickt. Er solle doch seine Mandy etwas ruhiger beglücken. Dann schrieb er: »Ich bin grad in der Spätschicht.«

Mir hat ein Marder auch schon die Kabel in meinem Auto angeknabbert. Es ist sogar mehrmals passiert. Ich glaube es war ein Serienmarder.

Bei uns in der Nähe gibt es einen Ikea. Beim letzten Einkauf habe ich nur 29 Euro ausgegeben. Okay – mehr Hot Dogs hätte ich wahrscheinlich auch nicht mehr geschafft.

Als Mann bist du bei Ikea sehr schwach. Wenn meine Freundin mit mir zu Ikea geht, will sie immer Möbel kaufen. Sie kauft Möbel, die dir nicht gefallen und dafür besticht sie dich mit Sex. Man könnte auch sagen, dass die Frau eine Möbelfetischistin ist, wahrscheinlich leidet sie unter Objektophillie.

Und sie kauft Gartenmöbel, ohne sie jemals gesehen zu haben.

Gut Ballermann Urlauber sind nicht besser. Ich denke das Höchste wäre wenn man Bier vögeln könnte.

Ihr kennt doch bestimmt diese Baumstammhocker.

Ich war im Baumarkt und wollte mir solche Hocker kaufen.

Ich gehe in den Laden und frage: »Guten Tag, haben Sie so Baumstammhocker?« Verkäufer antwortet: »Ja eigentlich schon, aber da müssen Sie ins Stammhaus, wir sind nur die Zweigstelle.«

Was machen Rentner so den ganzen Tag?

Ein englischer Rentner steht um 9 Uhr auf, trinkt ein Glas Scotch und geht Golf spielen.

Ein französischer Rentner steht um 10 Uhr auf, trinkt ein Glas Bordeaux und geht Boule spielen.

Ein deutscher Rentner steht um 4 Uhr auf, nimmt seine Herztropfen und geht zur Arbeit.

In unserem Dorf gibt es auch ein Seniorenheim. Weil ich eine soziale Ader habe, nehme ich dort Verantwortung wahr und pflege den älteren Menschen auf ihren Zimmern die Haare. Von Schneiden, Föhnen, Färben bis hin zur Dauerwelle.

Es war im Sommer. Es war sehr heiß. Ich habe sehr geschwitzt. Nach dem Haarschnitt fragte ich Frau Häberle, ob ich ins Bad dürfe, um mich da wieder frisch zu machen. Ich ging rein und hab mir das Gesicht mit kaltem Wasser abgewaschen. Es gab dort dann Haken für die Handtücher. Die waren beschriftet mit »Oben« und »Unten«. Es gab auch welche mit »Vorne« und »Hinten«, das hat aber kein Heimbewohner kapiert. Und ich frage mich jedes Mal: »Womit trocknen sie die »Mitte« ab?

Einmal erzählte mir eine Pflegerin, habe eine alte Dame auf schwäbisch gesagt: »I muss schnell a Rolle macha.« Da meinte die osteuropäische Pflegerin: »Aber Frau Müller, warum wollen Sie denn jetzt mit 92 einen Purzelbaum machen?« Rolle ist schwäbisch für Pipi machen.

Eine dicke Frau ist in einer Tankstelle vor mir gestolpert und hingefallen.

Ich wollte ihr aufhelfen, da sie aber so dick war (dicke Menschen nennt man jetzt politisch korrekt »person of kilogramm«), konnte ich ihr nicht aufhelfen und bin dabei auch hingefallen.

Dann rief die Verkäuferin: »Brauchen Sie einen Krankenwagen?« Ich schrie: »Nein, wir brauchen einen

Kranawaga, wir brauchen einen Kranawagen (mobiler Kran)!«

Wenn du 5 Bier in der Stadt trinkst, bist du ein Alkoholiker. Wenn du 5 Bier auf dem Dorf trinkst, bist du der Fahrer. Nachdem du geschlafen hast, bist du nüchtern. Egal welche Schlafdauer oder Alkoholmenge du hattest. Es ist nicht relevant. Dorflogik.

Es ist ein Loch in der Unterhose. Schwäbin: »Die kann ich nicht mehr anziehen, aber ich kann einen Butzlappa draus macha.«
   Schwabe: »Solange die Oier net raushänga, gehts noch.«

Träffad sich zwoi Schwoba.
   »Mir gohts nedd guat, i war geschdern z'lang en der Sonna …«
   »Hano, hat die scho widdr offa?«

Was hat ein schwäbischer Mann mit seiner Frau für Gemeinsamkeiten?
   Sie haben am gleichen Tag geheiratet.

Ich denke, ich habe auch was verpasst. Ich weiß, dass viele Amerikaner immer »oh my god« sagen. Weil das überhandgenommen hat und viele Leute sich da echauffiert haben, da alle immer den Namen Gottes in Betracht ziehen, wurde aus »oh my god« »oh my gosh«.

Jetzt passt der Spruch zu einem erstaunten Engländer oder Amerikaner, aber auch zu einem Schwaben, der sich gerade den Mund verbrannt hat.

Mein Nachbar sagt immer: »Ich möchte gerne sterben wie mein Opa. Schlafend, nicht so schreiend und weinend wie sein damaliger Beifahrer.«

Wie ein alter Schwabe denkt, zeigt einem dieser alte schwäbische Gag: »Sagt ein Bauer zu einem anderen: ›Du hasch dein Schuh verlora.‹ ›Noi, i han oin gfonda.‹ (›Du hast deinen Schuh verloren.‹ ›Nein, ich habe einen gefunden.‹)«

Mein Nachbar Horscht besitzt viel soziale Intelligenz. Er sagt, dass unsere Politiker (hauptsächlich die Grünen) keinen Studienabschluss haben. Werdegang eines Politikers:
- Kreißsaal
- Hörsaal
- Plenarsaal

Er schenkt seiner Frau zur Silbernen Hochzeit eine Reise nach Neuseeland. Ich sagte: »Wow, du bist aber sehr großzügig. Was machst du dann zur Goldenen Hochzeit?« Er sagte: »Da hole ich sie wieder ab.«

Wisst ihr was im Schwäbischen der Unterschied zwischen gut und ned schlecht ist ? Eigentlich ist es dasselbe. Aber gut ist umsonst. Wisst ihr, warum die Bauern von der Schwäbischen Alb so große Nasenlöcher haben? Weil die Luft umsonst ist.

Liegt ein Mann im Sterbebett. Er riecht den Sauerbraten von seiner schwäbischen Ehefrau. Er fragt »Kann ich noch ein Stück von dem Sauerbraten haben?« Dann sagt sie »Noi des geht ned, der isch für die Beerdigung.«

Nach meinen Conedyshows mache ich immer Autogrammstunden mit Selfies und verkaufe Merchandisingprodukte wie CDs, Bücher und T-Shirts. Als Gag sage ich gern dazu, dass die Leute mir auch für nur 1 Euro an den Arsch fassen dürfen. Als ich das mal auf der Schwäbischen Alb nach einem Auftritt anbot, kam eine ältere Dame mit einem 500-Euro-Schein auf mich zu, wedelte damit vor meiner Nase rum und meinte: ›»Freindle, dein Arsch gehört mir!« Seit diesem Erlebnis habe ich das keinem je wieder angeboten.

Natürlichkeit ist die Basis für gute Bilder.

3. RELATION-
SHIP

Es geht im Leben immer um die größte Sache der Welt. Die Liebe. Tief unter vielen Schutzpanzern schlägt ein kleines Herz, das immer bereit ist, zu lieben.

Meine erste Beziehung hatte ich in der ersten Klasse mit einem blonden Mädchen. Ich weiß nicht mehr, wie sie hieß. Es brach mir das Herz, als sie mit ihren Eltern weggezogen ist.

Ich war todtraurig. Und meine Kumpels haben dann darüber gelacht. Da habe ich gelernt, dass Comedy Tragödie mit Zeit ist.

Meine Eltern haben früher immer eigenmächtig die Sommerferien verlängert. Das ging in den Achtzigern noch.

Bei der Einschulung reichte es damals, eine Schultüte zu organisieren. Ich war der einzige Junge, der keine Schultüte hatte. Ich war schon immer ein kleiner Revoluzzer.

Meiner blonden Freundin ging es nicht besser. Sie hatte in ihrer Schultüte eine Flasche Wodka. Ihre Mutter dachte gleich an die Party danach. Russen sind total nette Menschen.

Ich hatte später noch mal eine russische Freundin. Sie hat mir beigebracht, wie Trockensex funktioniert und was der Unterschied zwischen Amateuren und Profis ist. Sie sagte immer: »Wenn die Uhr ist zweistellig … du kannst trinken.«

Wisst ihr, was der Unterschied zwischen einer russischen Hochzeit und einer russischen Beerdigung ist? Bei der Beerdigung säuft einer weniger.

Das Ehegeheimnis von Schauspieler Tom Hanks ist einfach. Er ist schon seit über 25 Jahre mit der gleichen Frau verheiratet. Das ist in Hollywood eine Seltenheit. »Du musst einfach die richtige Frau heiraten«, sagte Tom.

Dann hatte ich mal eine deutsche Freundin. Bei der hab ich Pünktlichkeit und Ordnung gelernt. Ich musste meinen Dienst im Haushalt verrichten. Wenn ich den Müll runtertragen sollte und keine Lust hatte, sagte sie immer das Zauberwort … und sie hatte mich immer damit. Es hieß »Sexentzug«, damit hatte sie mich komplett im Griff. Ich habe es auch mal versucht, aber länger als zwei Tage habe ich es nie ausgehalten.

Sie war sehr pragmatisch. Immer wenn wir Sex hatten, egal ob Couch, Tisch oder Boden, hat sie Zeitungspapier ausgelegt. Nachdem wir fertig waren, hat sie einfach die Zeitung zusammengeknüllt. Das war mega. Aber trotzdem bin ich jetzt so konditioniert, dass wenn ich jemand sehe, der Zeitung liest und mit der Zeitung raschelt, werde ich wuschig.

Dann hatte ich eine indische Freundin mit einem roten Punkt auf der Stirn. Einmal, als sie schlief, habe ich an dem Punkt gerubbelt. Was soll ich sagen … ich habe ein E-Bike gewonnen!

Als ich das erste Mal mit meiner indischen Freundin gekuschelt habe, sagte sie: »Ich will erst Sex haben, wenn ich verheiratet bin.« Ich antwortete: »Okay, dann melde dich, wenn du geheiratet hast.«

Ich habe mal mit einer Herzensdame Fernsehen geschaut und fragte sie dann: »Was willst du anschauen? Einen Porno oder eine Kochsendung?« Sie meinte: »Schauen wir uns einen Porno an, kochen kannst du ja schon.«

Eine Klassenkameradin sagte, dass sie Nymphomanin sei. Ich sagte, dass es mir egal sei, wenn sie klaut, ich hätte ja nix. Dann sagte ich: »Ich bin Atheist.« Sie sagte: »Das ist mir egal, ich nehme die Pille.«

Als junger Kerl hatte ich einen Freund. Er war anständig. Er ist immer mit allen Damen ausgegeangen. Sein Spitzname war Teflon. Er hat nie was anbrennen lassen.

Ein Spitzentipp von mir, mit dem ich schon sehr viele Damen kennengelernt habe. Du nimmst einen Zettel. Darauf schreibst du: »Wenn Sie mit mir schlafen wollen, lächeln sie bitte.« Jede Frau wird lächeln und sich es verkneifen wollen. Aber damit hast du schon den ersten Schritt gemacht. Sie weiß, dass du nichts mit der Friendzone zu tun hast. Du bist nicht derjenige, der ihr die Reifen wechselt. Es gibt Jungs, die versuchen, über die Friendzone an die Frau ranzukommen. BBF = Best Friend Forever. Immer ein offenes Ohr zu haben. Immer da zu sein, wenn es der Frau schlecht geht. Ihr Gefälligkeiten nie auszuschlagen. Wie eine gute Freundin, nur ohne Sex. Du solltest eigentlich ihr Mitternachtsstecher sein.

Wenn die Frau heulend den Reifenwechsler anruft, solltest DU der Grund für den Anruf sein. Frauen sagen es nicht öffentlich, aber sie mögen die Bad Boys.

Wenn Männer wuschig sind, ist es wirklich schlimm, aber wenn Frauen gierig sind, dann sind sie nicht aufzuhalten. Sie machen dann alles. Wirklich alles. Studien in einer Sexualforschung haben ergeben, dass Frauen sehr viel wilder auf Sex sind als Männer. Das Begehren der Frau sei sehr viel wilder und vielseitiger als bislang angenommen. Die weibliche Lust ist ein Allesfresser. Egal ob alleine, mit einem oder mehreren unterschiedlichen Partnern.

Selbst kopulierende Zwergkaninchen können bei Frauen eine Erregung in den Genitalien erzeugen.

Einmal wollte eine Freundin einen DVD-Abend machen, ich freute mich sehr darauf, mal wieder einen entspannten Fernsehabend zu haben – so mit Chips und Popcorn. Aber sie kam nur mit einem Trenchcoat bekleidet. Sie klingelte und ich machte die Türe auf. Sie öffnete den Mantel und war darunter komplett nackt. Ich war entsetzt und sagte: »Du wolltest doch einen DVD-Abend machen, oder?« Sie antwortete kess: »Ja klar, DVD … Duschen, Vögeln, Duschen.«

Egal, wie sich das Leben der Frau verändert (nach der Schwangerschaft, Trennung, Alter usw.) Eine Frau sollte immer bumsbar sein. Falls nicht, haben Frauen immer Batterien zu Hause.

Ich führte mal eine Fernbeziehung mit einer Dame aus Hamburg. Wir haben uns zweimal im Jahr gesehen. Wir konnten einfach keine Beziehung aufbauen. Ich denke, wir haben uns einfach auseinandergelebt.

Das Rezept für die Liebe besteht aus der richtigen Mischung aus Nähe und Distanz. Zuviel Nähe ist nix und zu viel Distanz ist auch nicht gut. Eine Frau hat mir mal gesagt, dass ihr Mann sogar mit ihr auf die Toilette gehen würde und ihre Hand halte.

Ich finde es sehr suspekt, wenn Mann und Frau zusammen einen Termin beim Friseur haben. Dann sitzt der Mann drei Stunden neben der Frau und schaut, wie ihre Balayage einwirkt.

Ich glaube, es ist kein guter Anmachspruch zu fragen: »Bist du alleinerziehend?« »Nein.« »Willst du es werden?«

Oder zu einer Frau zu sagen: »Gegensätze ziehen sich an. Du bist schwanger und ich nicht.«

Gegensätze ziehen sich nicht an. Ein Mensch, der ordentlich ist, will keinen Partner, der unordentlich ist.

Eine Dame hat mich mal zuhause besucht. Sie sah meinen Stuhl, wo ich immer meine Hemden darüberlege, um sie dann gemeinsam zu bügeln. Sie meinte: »Zum Glück bin ich geschieden und muss das nicht mehr machen.« »Wir gingen ins Schlafzimmer und hatten eine schöne Nacht. Am nächsten Morgen hat sie gefragt, ob sie die Bügelwäsche mitnehmen soll. »Ich dachte, du bist froh, dass du nicht mehr bügeln musst?« Sie antwortete: »Ja schon, aber wenn du so schlecht bügelst, wie du vögelst, dann ist es besser, wenn ich das mache.«

Wisst ihr, aus was eine kinderlose Ehe besteht?
Aus Spaßvögeln.

Ein Revolverheld sagte: »Ich habe die schnellste Hand im Wilden Westen.« Daraufhin sein Buddy: »Lass mal, ich stehe auf Frauen.«

Früher haben wir jungen Männer uns beim Weggehen immer Papiertaschentücher in den Schritt gestopft, damit es in der Jeans nach mehr ausschaut. Ich habe es optimiert und habe Damenbinden genommen – und zwar die für die ganz schlimmen Tage.

Wenn Männer und Frauen zusammenziehen, ist es am Anfang noch recht entspannt. Aber umso länger das Paar zusammenwohnt, desto mehr entscheidet sich, wer welchen Bereich bekommt. Das Schlafzimmer, Wohnzimmer, Küche und Bad werden komplett der Frau zugeordnet, der Mann wird auch nie wieder den Zugriff bekommen.

Die Frau kann da gestalterisch tun und lassen, was sie will. Sie macht es zu ihrem Reich. Dein Pamela Anderson-Poster, deine Pokale, dein mannshoher Star Wars-Stormtrooper. Alles muss raus. Es wird nur noch eingerichtet nach dem volonté der Frau.

Kerzen, seidene Vorhänge, Kitschige Accessoires und Bilder, etwa wie zwei schwule Hirsche am Bergbach Wasser saufen.

Der Mann bekommt den Keller und die Garage und mit viel Glück das Gästeklo als sein Reich zugewiesen. Eine Studie hat erwiesen, dass sich Männer sieben Jahre ihres Lebens auf dem Klo aufhalten, weil sie da ihre Ruhe haben.

Es geht darum, dass Frauen keinen Mann suchen, sondern ein Projekt. Sie versuchen, den Mann so zu ändern, wie sie ihn brauchen. Ein Mann hat mal eine Frau getroffen. Er hatte alles: Ein Motorrad, lange Haare, Lederklamotten und Freiheit.

Die Frau fand den Mann eigentlich toll und sagte aber: »Schatz, ich will dich meinen Eltern vorstellen. Willst du dir nicht die Haare abschneiden, damit du ordentlich aussiehst?« Der Mann machte es, weil er in diese Frau verliebt war und er ja immer noch seine Lederklamotten, sein Motorrad und seine Freiheit hatte.

Dann sagte sie: »Schatz, wir wollen doch ein Haus kaufen, dazu brauchst du einen besseren Job. Wäre es nicht besser, wenn du deine Klamotten gegen einen Anzug tauschen würdest?« Gesagt getan. Er liebte seine Frau. Er hatte ja immer noch sein Motorrad und seine Freiheit.

Dann meinte die Frau: »Du, wir haben jetzt Kinder. Ich will nicht mehr, dass du Motorrad fährst. Es ist viel zu gefährlich, und ich will nicht, dass dir was passiert.« Der Mann liebte seine Frau, deswegen verkaufte er sein Motorrad. Er hatte ja noch seine Freiheit.

Irgendwann sagte die Frau: »Du bist ein toller Mann und ein toller Vater, aber ich habe mich in einen anderen Mann verliebt.« Ratet mal, wie der andere Mann aussah. Der hatte ein Motorrad, lange Haare …

Letztendlich hatte er seine Freiheit als Erstes verloren.

Männer – lasst es nicht soweit kommen und bleibt ihr selbst.

Warum sollte man mit einer Frau ab 50 kein Verstecken spielen?
Weil sie keiner sucht.

Frauen unter 18 schützt das Gesetzbuch.
Frauen ab 50 schützt der Naturschutz.

Todesanzeige in einer Zeitung: Nach einem harten und qualvollen Leben hat Hr. Josef Leidner am 18. August endlich seine Ruhe gefunden. Seine Frau Brunhilde wird am 20. August auf dem Waldfriedhof beerdigt. Ich musste diese Anzeige dreimal lesen.

Wenn eine Frau sagt: »Wir müssen reden«, ist es schon sehr bedenklich. Und wenn es gleich am Anfang ist, ist es noch schlimmer.

Eine Frau hat einen Mann in der Kneipe getroffen und lieben gelernt. Er hatte 8 Bier intus. Die Frau fand es super … damals.

Wenn der Wirt heute fragt: »Hansi, noch ein Bier?«, dann antwortet sie: »Nein, kein Bier, der Hansi hat genug. Wir müssen heim, wir haben beide Bauchweh.«

Nach einem One-Night-Stand bzw. einer Stichprobe sitzt das Paar beim gemeinsamen Frühstück. Das sollte nie passieren. Du solltest bei einem One-Night-Stand immer die Fliege machen. Selbst dann, wenn es in deiner Wohnung passiert ist. Aber gut. Der Mann bleibt bei der Frau zum Frühstück. Sie macht ein super Frühstück mit French Toast, Marmelade, Ei und Müsli. Der Typ mag kein Müsli, will der Frau aber nichts sagen, weil sie sich so viel Mühe gemacht hat. Sie verlieben sich. Er bekommt seit 20 Jahren sonntags immer das Verwöhnfrühstück mit allem. Er hat nie gesagt, dass er Müsli hasst. Dann sagt er zu ihr: »Du, eigentlich mag ich gar kein Müsli.« Was meint ihr, was passiert ist? Seitdem trinkt er seinen Kaffee aus der Schnabeltasse. Ehrlich sein ist schön aber überlegt genau was ihr sagt.

Wer sich in den USA auf ein Date einlässt, sollte unbedingt bis drei zählen können.

In den USA ist es so, dass man sich normal nur in Gruppen trifft. Wenn sich nur ein Junge und ein Mädchen treffen, ist es schon ein Date. Es gibt die sogenannte Date-Regel. Beim ersten Mal bleibt es kurz und beim dritten Mal wird es ernst. Da kann man von vornherein sehen, wie es sich entwickelt.

Das erste Date muss kurz und knackig sein, wenn es ein zweites Date geben soll. Normalerweise Small Talk und Tausch der Handynummern. Nach zwei Minuten ist man schon ziemlich sicher, ob es knistert oder nicht. Wenn die Essensrechnung beim ersten Date gesplittet, also getrennt bezahlt wird, dann ist es eindeutig, dass man getrennte Wege geht. Wer zahlt, erwartet die Fortsetzung im Bett.

Beim zweiten Date trifft man sich meistens zum Lunch. Viele Leute sind sehr busy, da ist ein Mittagessen perfekt, und mittags ist es unverfänglicher und lockerer.

Kommt es zu einem dritten Date heißt das nicht, dass es nun eine exklusive Partnerschaft ist. Es ist immer besser, gleich mehrere Feuer im Eisen zu haben.

Wenn die Frau dich zu sich einlädt, ist das quasi ein Freifahrtschein, euch körperlich näherzukommen. Jackpot.

Aber aufgepasst. Eine Freundin aus Stuttgart studierte mal in Boston. Sie kannte die Gepflogenheiten nicht und lud immer männliche Kollegen zu sich nach Hause ein, um gemeinsam zu lernen. Die Vermieterin hat sie darauf angesprochen, dass sie so was in ihrem Haus zu unterlassen habe und sie so was nicht dulde.

Meine Freundin wusste gar nicht, was sie falsch gemacht hatte, bis es ihr eine amerikanische Freundin erklärte. Die Vermieterin dachte, sie wäre eine Prostituierte.

Wir lieben alle unsere Kinder und sind auch sehr stolz auf sie.

Ich war mal auf der Erotikmesse »Venus« in Berlin. Natürlich zu Recherchezwecken für ein Fernsehformat. Egal … Da gab es eine Verleihung bzw. einen Award. So etwas wie die Oskar-Verleihung in Hollywood. Bester Schnitt, beste Regie und so fort. Bei der Venus gab es eine Sparte namens »Bester Oralsex International«. Dann rannte eine junge Dame auf die Bühne und freute sich wie eine Schneekönigin. Ich stelle mir ihren Vater vor. Der müsste doch platzen vor Stolz, oder?

Ich wollte mal in der Coronazeit mit meinem Sohn nach Gran Canaria fliegen. Da brauchte man noch einen negativen Schnelltest vom Arzt. Ich sagte dann zu meinem Nachbarn, dass ich einen Antigentest mit meinem Sohn machen muss. Er meinte: »Willst du jetzt wirklich wissen, ob es dein Sohn ist?«

Es gibt viele Datingplattformen im Internet.

Bis man den richtigen Prinz trifft, muss man sehr viele Frösche küssen …

Ich verurteile jede Form von Gewalt und kann sie auch nicht gut heißen. Als Chris Brown seine damaligen Freundin Rihanna krankenhausreif prügelte, gab es da für mich einige Fragen.

Was hat sie wohl angestellt, dass er so ausrastete? Vielleicht war Ike Turner sein Vorbild. Er prügelte Tina Turner zum Superstar. Also ich schlage meine Frau nicht .... unnötig.

Ich weiß nicht, wie ihr das seht. Ich behaupte, dass es nicht möglich ist, dass Männer und Frauen nur befreundet sein können. Also ich habe keine beste Freundin. Wenn beide Single und attraktiv sind, dann geht eine platonische Liebe nicht. Ich kann mir das nur vorstellen, wenn einer der beiden fett oder hässlich ist … dann könnte ich mir eine Liebe ohne Sex zwischen Mann und Frau vorstellen.

> *Mann zum Kumpel: »Du, ich glaube, meine Frau ist tot!« »Wieso denn?« »Also im Bett ist sie so wie immer, aber die Küche sieht aus wie Sau.«*

Wo du als Mann nur verlieren kannst, ist beim Antworten auf die Fangfrage: »Findest du, dass ich zugenommen habe?« oder »Kann ich das Kleid noch tragen?«. Okay, beim Kleid kannst du noch sagen: »Du kannst es schon noch tragen, aber bitte nicht mehr anziehen.« Aber bei der Frage nach dem Gewicht hast du keine Chance. Schau einfach, dass du was Sinnvolles im Keller oder in der Garage machst. Einfach abhauen.

Alkohol ist eine tolle Sache: Er macht die Frauen hübsch und die Männer erträglich.

Mein Vater hat immer gesagt: Wenn es Reifen oder Titten hat, macht es dir früher oder später Probleme.

Es gibt 5 Geheimnisse einer funktionierenden Beziehung: Es ist wichtig, eine Frau zu finden …

1. … die kochen kann und eigenes Geld verdient.
2. … die Humor hat, und mit der man viel lachen kann.
3. … auf die man sich verlassen kann und die nicht lügt.
4. … mit der man gut Sex haben kann.
5. Der letzte Punkt, ist dass die vier Frauen nichts voneinander wissen.

Tinder ist eher was für die jüngeren Menschen. Da wischt man mit dem Finger auf dem Smartphone nach links oder rechts. Wenn einem da jemand gefällt, wischt man nach rechts. Links wird die Person gelöscht. Wenn beide nach rechts wischen, ist es ein Match.

Aber man darf nicht zu viel erwarten. Ein Match bedeutet nicht, dass man gleich mit der Person in die Kiste darf. Man muss sich trotzdem erst kennenlernen. Das heißt, erst Kaffee trinken, Essen gehen usw. Da wird einem in der Werbung was anderes vorgegaukelt.

Liebe ist wie ein Rubbellos. Du weißt erst nach dem Rubbeln, ob du einen Hauptpreis oder eine Niete gezogen hast.

Anscheinend ist die Liebe nur eine Erfindung von Hollywood.

Meine Nachbarin Mandy war mal bei einer Gameshow, bei der man was gewinnen konnte.

Der Moderator fragte: »Wie heißt das Organ im Mund mit fünf Buchstaben?« Die richtige Antwort wäre Zunge gewesen. Mandy schrie selbstsicher: »Penis!«

Mandy wäre wirklich eine glatte 10, wenn sie keine Schuppen hätte.

Mandy ist genau so intelligent, wie die Jugendlichen, die bei der Bravo beim Dr.-Sommer-Team nach Antworten bei der Aufklärung suchen.

Ein junger Typ meinte: »Hallo, liebes Dr.-Sommer-Team. Ich bin jetzt seit zwei Monaten mit meiner neuen Freundin zusammen und wir schlafen auch seither miteinander. Meine Freundin ist jetzt im 4. Monat schwanger. Warum ist mein Sperma so stark?«

Ein junges Mädchen meinte: »Hallo, liebes Dr.-Sommer-Team. Ich bin schwanger und mir ist morgens immer schlecht und ich muss spucken. Ist es möglich, dass ich das Baby aus Versehen rausspucke?

Ein Mann hat in den USA seine Frau erwürgt. Vor dem Richter hat er ausgesagt: »Ich dachte, es sei ein Einbrecher«, und wurde vom Richter freigesprochen.

Ich wollte unbedingt mal Lebron James live spielen sehen.

Durch gute Connections bekam ich Plätze direkt hinter der Trainerbank von Miami Heat. Bei den Breaks war Lebron mir so nahe, dass ich seinen Schweiß riechen konnte. Ich saß direkt hinter dem Trainer. Wenn Lebron böse zum Trainer schaute, dachte ich, dass er mich böse anschaute. Aber das beste waren die Miami Heat Dancer. Alle Frauen, die da getanzt haben, waren eine Augenweide. Da könnte man blind eine rausziehen und es wäre immer noch ein Jackpot.

Zur diamantenen Hochzeit von Friedegunde und Walter kam der Bürgermeister des Dorfes mit Blumenstrauß und Urkunde.

Er fragte die beiden dieses und jenes, wie es ist, wenn man 60 Jahre lang verheiratet ist. Natürlich wollte er auch das Ehegeheimnis der beiden wissen.

Walter meinte: »Es sind die sexuellen Aktivitäten. Morgens nach dem Aufstehen gibt es sexuelle Aktivitäten Nach der Morgenpflege gibt es sexuelle Aktivitäten, nach dem Frühstück gibt es sexuelle Aktivitäten.

Bevor wir Einkaufen gehen, gibt es sexuelle Aktivitäten, danach machen wir gemeinsam das Mittagessen.

Dann gibt es sexuelle Aktivitäten. Nach dem Mittagessen gibt es sexuelle Aktivitäten.

Vor dem Mittagsschläfchen gibt es sexuelle Aktivitäten. Anshließend gibt es zum Kaffee nochmal sexuelle Aktivitäten. Vor dem Abendessen gibt es erneut sexuelle Aktivitäten. Nach dem Abendessen gibt es wieder sexuelle Aktivitäten. Dann wird Tagesschau und Fernsehen geschaut. Natürlich gibt es da nochmals sexuelle Aktivitäten. Und bevor es ins Bett geht, gibt es ebenfalls sexuelle Aktivitäten.«

Der Bürgermeister bekommt eine rote Birne und ihm ist es sehr peinlich. Er fragt Walter: »Sie sind so sexuell aktiv? Respekt in Ihrem Alter. Aber wie bekommen Sie das so oft hin?«

Walter sagt: »›Sexuelle Aktivität‹, bedeutet, dass meine Frau mir einfach auf den Sack geht.«

Fragt die Frau ihren Partner nach der ersten Nacht.
Warum hast du denn so große Augen?
Weil ich oft geweint habe.
Du hättest besser öfter pinkeln sollen.

Ein 60-jähriger Mann bekommt von einer guten Fee einen Wunsch frei, weil er ein guter Ehemann ist. Der Mann wünscht sich eine 30 Jahre jüngere Frau. Die Fee erfüllt ihm den Wunsch. Es macht Puff. Der Mann ist jetzt 90 Jahre alt.

Heiraten ist nix für mich. Ich bevorzuge bei meinen Beziehungen eher das Leasing Modell.

Ich weiß, dass verheiratete Männer nicht so oft Sex haben und immer sagen: »Von Sex habe ich keine Ahnung, ich bin verheiratet.« Deswegen will ich mir mein Sexleben nicht kaputt machen und nicht heiraten.

Höflichkeit ist mittlerweile so selten geworden, dass die meisten Menschen denken, man würde mit ihnen flirten.

So etwa in Thailand. Da stehen die Menschen relativ dicht neben einem. Mein Kumpel kannte das nicht und dachte, die Frau neben ihm wolle was von ihm. Diese war ein Ladyboy. Er wusste aber nicht, dass es ein Umgebauter war. Er freute sich so sehr, weil er noch nie was mit einer Asiatin hatte. Er mag exotische Menschen, hatte er mir erzählt. Ich fand das okay und dachte, er ist halt ein Cosmopolit, aber er meinte nicht Menschen, sondern »Mädchen«. Er hatte Bangdong in einer Bar kennengelernt. Alleine schon bei dem Namen und seinem ausgeprägten Adamsapfel hätte er bemerken sollen, dass Bangdong ein Kerl mit Titten ist.

Sie unterhielten sich und wollten es sich gemütlich machen. Bangdong bestellte Champagner. Mein Kumpel wollte den Champagner nicht bezahlen. Es kam zum Streit und zu Beleidigungen. Bangdong verpasste ihm eine Ohrfeige. Er war total entsetzt und schrie: »Darf ich ihr auch eine knallen? Frauen schlägt man doch nicht!« Er hatte einfach Glück, dass es zum Streit kam. Dann schrie er »Es ist ein Junge, Es ist ein Junge.« Mein Kumpel Theo wird nie wieder Urlaub in Thailand machen.

Ein kurioses Ereignis passierte bei einer Stichprobe in Heilbronn.

Die Dame hatte mich eingeladen. Zuerst gab es Wein und etwas zu Essen. Es gab einen Caprese Salat – Tomaten mit Mozzarella.

Ich dachte, es wäre eine Vorspeise und fragte, was es zum Hauptgang gäbe. Sie schaute mich erstaunt an und meinte: »Das ist die Hauptspeise.« Das fand ich schon sehr suspekt.

Einen Salat als Hauptgericht. Dann noch mit Mozzarella.

Seit meinem letzten Besuch beim Urologen mag ich Mozzarella nicht mehr. Der Arzt meinte, ich solle regelmäßig meinen Hoden abtasten. Dabei denke ich jedes Mal, dass ist genauso wie wenn ich ein Päckchen Mozzarella in der Hand halte und es dann von links nach rechts drücke. So komisch fühlt sich das an. Nachdem wir gegessen hatten, machte sie die Türe auf und es kamen drei Katzen ins Wohnzimmer. Eigentlich habe ich nix gegen Haustiere, solange sie mir nichts tun.

Wir saßen im Wohnzimmer, haben ein bißchen TV geschaut. Wir kamen uns näher und finden an zu knutschen. Währenddessen haben wir uns ausgezogen. Alles unter den Augen der Katzen. Ist echt ein komisches Gefühl, wenn dir Katzen beim Sex zuschauen. Aber es wurde noch kurioser. Als ich gerade am Tackern war, kam eine Katze und leckte mir meine Fußsohlen ab. Ich konnte nicht aufhören zu vögeln, aber ich bekam auch die Katze nicht von meinen Füßen weg. Es war grausam. Noch nie war etwas schön und grässlich zur gleichen Zeit.

Hab mal zu meiner Freundin gesagt: »Wenn du 40 Jahre alt bist, tausche ich dich gegen zwei Zwanzigjährige ein.« Sie lachte und meinte: »Was willst du denn mit zwei Ferraris, du kannst doch gar nicht Auto fahren. Du wirst ja nicht mal mit mir fertig.«

Meine Freundin lag beim Kuscheln in meinem Arm und fragte: »Wieso liebst du mich?« Ich überlegte mir, was sie hören wollte und sagte: »Weil du hübsch, warmherzig und intelligent bist. Ich könnte mir kein Leben mit jemand anderem vorstellen.« Dann fragte ich sie, warum sie mich liebt. Sie antwortete: »Weiß nicht, einfach nur so.«

Beim Oralsex brummelt meine Freundin immer komische Namen – letztens war es: »JJÖÖ-ÖRRRGGG«. Kennt jemand diesen Jörg?

Ich mag tätowierte Frauen. Eine Freundin von mir hatte mal eine Muscheltattoo auf dem Oberschenkel. Immer, wenn ich mein Ohr draufgelegt habe, konnte ich das Meer riechen.

Sie: »Wo bist du?«

Ich: »In der Bar.«

Sie: »Ich habe Essen gemacht. Wenn du in 20 Minuten nicht da bist, gebe ich es dem Hund.«

Ich: »Lass den Hund in Ruhe, er kann nichts dafür!«

Eine sehr hübsche Frau kommt zu mir an meinen Tisch im Café und fragt, ob ich Single bin. Ich: »Ja!«

Sie: »Gut, dann brauchst du ja den zweiten Stuhl nicht.«

Läuft richtig gut bei mir … flirten kann ich.

An der Kasse im Supermarkt fragt die Kassiererin eine Kundin: »Sammeln Sie Punkte?« Kundin: »Das sind Sommersprossen, Sie blöde Kuh!«

Die Kundin hatte einen Vibrator gekauft. Die Kassiererin fragt: »Brauchen Sie eine Tüte?« Kundin: »Nein, das steck ich gleich so ein.«

Für mich gibt es drei große Säulen in einer Partnerschaft:

- Respekt
- Vertrauen
- Loyalität

Wenn eine der Säulen angeschlagen ist, dann wird es immer schwierig sein, die Beziehung aufrechtzuhalten.

Was ein Vibrator für die Frau ist, ist für manche Männer der Staubsauger. Einmal kam ein Mann mit einem Staubsauger an seinem Genital zum Arzt. An der

Anmeldung fragte die Arzthelferin: »Haben Sie an Ihre Versichertenkarte gedacht?« Mann: »Nein, an Pamela Anderson.«

Es gibt einen schönen Spruch von Albert Einstein: »Sich verlieben ist nicht das dümmste, was der Mensch tun kann. Die Gravitation kann aber nicht dafür verantwortlich gemacht werden.«

Ich habe einen sogenannten Faltschwanz. Der wird zusammengefaltet und er ploppt in der Muschi dann so auf wie Popcorn. Eine Freundin wollte mir auch mal was Gutes tun und besorgte mir einen Handjob. Irgendwann konnte sie nicht mehr und benutze die andere Hand. Was soll ich sagen? Es hat sich falsch angefühlt, als ob ich fremdgehen würde.

Es gibt mehrere Möglichkeiten, den Pullermann größer erscheinen zu lassen. Erstens: Sport ist sehr wichtig. Wenn man schlank ist, wirkt er immer länger. Dann gibt es die Möglichkeit, sich im Imtimbereich zu rasieren. Da kann man locker zwischen 2 und 10 Zentimetern rausholen. Wenn der Rasen gestutzt ist, wirkt der Baumstamm immer größer.

Und als letzte Möglichkeit (die ist aber eher was für Loser): Makeup arbeiten. Lidstrich ziehen untenrum, hell und dunkel schattieren.

Kennt ihr ›Smokey Eyes‹? Da werden die Augen mit

Makeup optisch verlängert. Innen dunkler und nach außen heller geschminkt. Untenrum nennt man es dann wohl ›Smokey Eggs‹.

Frauen schätzen es sehr, wenn man ein Instrument spielen kann.

Man kommt intelligent und sensibel rüber. Ich nutze immer einen Gitarrenkoffer für das Gepäck. Da habe ich immer meine Wäsche drin oder laufe einfach mit dem leeren Gitarrenkoffer spazieren. Viele Frauen sprechen mich an, ob ich Musiker bin. Das Eis ist gebrochen.

Ein Kumpel hatte sich von seiner Frau getrennt und war extrem traurig und niedergeschlagen. Wir als gute Freunde versuchten natürlich, ihn wieder aufzubauen.

Wir haben eine Junggesellenanfangsparty veranstaltet. Wir sind mit ihm auf den Cannstatter Wasen, das zweitgrößte Volksfest in Deutschland. Er bekam ein T-Shirt mit der Aufschrift »JGA … bin wieder zu haben.« Hinten war die Telefonnummer drauf.

Wir saßen direkt an der Bühne. Ich meinte, es wäre eine gute Idee, wenn er auf die Bühne könnte, um Werbung für sich zu machen. Der Moderator willigte ein.

Unser Buddy war hackedicht und stammelte was von: »Beate, Beate … Wieso hast du mit einem anderen rumgemacht und hast mich verlassen. Wie Rocky mit geschwollenen Augen nach der 12. Runde. Gut, er war komplett von der Rolle. Und alle Damen sahen das Elend und wussten, warum Beate was anderes wollte. Er stand herum wie ein Schluck Wasser in der Kurve. Ein trauriger Anblick. Dann verlor er sein Gleichgewicht und fiel er von der Bühne. Wir brachten ihn dann ins Krankenhaus. Er musste dann mit zehn Stichen am Kopf genäht werden. Das war der traurige Abschluss unserer Junggesellenanfangsparty. Wir machten so was nie wieder.

Kennt ihr Tenzing Norgay? Das war ein Sherpa, der Sir Edmund Hillary geholfen hat, den Mount Everest zu besteigen.

So wie Edmond Tenzing hatte, so haben viele Frauen einen Tenzing Norgay an der Seite. Außerdem hat eine hübsche Perle auch immer einen Wachhund an ihrer Seite (in der Regel etwas dicker und nicht so hübsch).

Tenzing freut sich, weil sie die Freundin von der Hübschen ist. Die Hübsche ist mit dem Tenzing befreundet, weil sie ihr immer ein gutes Gefühl gibt, etwas Besonderes zu sein. Die Frauen kennen das …

Wenn du im Club eine Hübsche siehst, steht meistens der Wachhund in der Nähe. Man versucht an die Hübsche ranzukommen, das ist aber sehr schwer, weil du erst an Tenzing vorbeimusst. Wenn du versuchst, an die Hübsche ranzukommen, musst du schauen, dass du einen Kumpel hast, der gerne den Wachhund übernimmt. Natürlich kannst du versuchen, über Tenzing an die Hübsche zu kommen, aber die Gefahr besteht, dass du bei Tenzing hängen bleibst. Damit das nicht passiert, immer einen

Kumpel dabeihaben, dem es egal ist, was er abschleppen kann. Mein Kumpel Karlberto war ein Paradebeispiel des Wingmans. Er hat alles genommen.

Eifersucht ist in den meisten Beziehungen ein großes Thema. Eifersüchtige Menschen sind diejenigen, die sich immer vorstellen können, was passieren könnte, weil sie wissen, wie es sich in dieser Situation anfühlt. Das lässt tief blicken.

Ich hatte mal eine Freundin, die sehr eifersüchtig war.

Ich wachte eines morgens auf und bin total erschrocken, weil sie mich die ganze Zeit anstarrte. Ich fragte: »Wie lange beobachtest du mich? Ist alles okay mit dir?«

Sie beschimpfte mich als Fiesling und Schwein, weil ich sie in ihrem Traum betrogen hätte.

Es war nicht förderlich, als ich gefragt habe: »Hat die Frau gut ausgesehen?« Sie war stinksauer. Wahrscheinlich würde sie mich auch beerdigen, wenn sie geträumt hätte, dass ich gestorben sei.

Mann – und ich träume von der Steuererklärung. Deswegen.

Das beste Mittel gegen Liebe auf den ersten Blick ist ein zweiter Blick. Augen auf bei der Partnerwahl.

Eigentlich bin ich wie ein kleiner Junge, der vor einem Mädchen steht, und es bittet, ihn zu lieben.

Es ist gar nicht so schlimm, wenn man am Valentinstag nicht verliebt ist. Schließlich ist man am Totensonntag auch nicht tot.

Frauen ab 40 leben fiktiv und sind deshalb sehr eifersüchtig.

Es geht um die Face-ID zur Entsperrung des Handys.

Du denkst, du bist sicher, aber Frauen sind clever. Ich bin mal mitten in der Nacht schlaftrunken aufgewacht, weil ich bemerkt habe, dass meine Freundin mir gerade mein Handy ins Gesicht gehalten hat, um es zu entsperren.

Bei einem Asiaten hätte es wahrscheinlich geklappt. Aber zum Glück sah ich so verquollen aus, dass selbst mein Handy mich nicht erkannt hat. Das hat unsere Beziehung auf ein neues Niveau gesenkt. Diese Aktion hatte schon was von Samenraub.

Ich wollte sie irritieren und habe ihr gesagt: »Das funktioniert nicht mit einem Gameboy.« Dann schlug ich ihr mit meinem Kopf das Handy aus der Hand, rollte mich rückwärts aus dem Bett und sprang mit einem Flic Flac durch das geschlossene Fenster. Scheiß Reflexe.

An Valenstinstag erwarten die Frauen heutzutage was!

Eine Freundin ruft bei Ihrem Freund an: »Hey wie geht's dir? Du weißt – bald ist Valentinstag. Was hast du an dem Tag vor?«

Er: »Was ist das für ein Tag?«

Sie: »Donnerstag.«

Er : »Da trainiere ich Brust.«

Heutzutage ist es ja so mit dem Kennenlernen:

Zuerst lernt man sich kennen, zieht zusammen und dann wird geheiratet.

Früher hat man geheiratet, ist dann zusammengezogen und hat sich danach erst kennengelernt.

Wenn der Handschlag zu labbrig war, war es kein richtiger Mann. Damals musste ein Mann noch ein Schaffer sein. Ein Mann mit weichen Händen war ein *Lällabäbbl* (Schwächling). Wenn ein Mann eine Frau gut gefunden hat, musste er erst bei den Eltern um die Hand anhalten. Dann hat er ihr den Hof und den Stall gezeigt. Danach ging es in den eigenen Wald und die Felder.

Da kam die entscheidende Frage auf schwäbisch: »Noh überlegschs dirs halt.« (Jetzt kannst du es dir überlegen.)

Da fällt mir der coole Song von den Eurythmics ein: »Sweet dreams are made of Cheese, who am I to diss a Brie?!«

Letztens habe ich die erste Folge vom Bachelor in Saudi Arabien gesehen. Da meinte er: »Ich nehme alle.« Ende.

Liebe muss nicht perfekt sein.

Sich verlieben ist einfach. Sex ist noch einfacher.

Aber zufällig eine Person zu treffen, die in deiner Seele ein Feuerwerk explodieren lässt, ist der Jackpot an der Losbude des Lebens.

Ein Mann schüttelt sich vor dem PC die Palme und ejakuliert gerade auf den Bildschirm. Seine Frau kommt genau in diesem Moment ins Zimmer herein und schreit: »Was machst du da?« Er ganz erschrocken: »Ähhh … Einen Screenshot!«

Es gibt einen französischen Spruch: »Cherchez la femme.«
Dahinter steckt immer eine Frau.
»Warum habt ihr euch denn getrennt?«
»Aus religiösen Gründen. Er wollte mich nicht als Göttin anerkennen.«

Ich habe kein Problem, wenn mein neuer Nachbar aus Leipzig mit seiner Frau lauten Sex hat. Aber da bekommt man echt Ohrenkrebs.
»Jawöll«! »Ischgommgleisch!« »Ja bimsmischdudiescher!«

Dates sind kein Grund, um nervös zu werden. Man geht hin, verstört den anderen nachhaltig und geht nach Hause. Danach frisst man weinend ein Kilogramm Eis in 29 Minuten und schaut dabei den »Wedding Planer«.
Liebe Männer, wenn eure Frau einen schlechten Tag hat … Tadaaaa. Dann habt ihr auch einen. Merkt euch das.

Männer sind wie Bleistifte. Sie schreiben nur, wenn sie spitz sind.

An alle Frauen, die Fußball nicht verstehen.

Tor für uns ist so, als ob ein Paket von Zalando ankommt.

Tor für den Gegner ist so, als ob die Schuhe nicht passen.

Meine polnische Nachbarin sagt immer »Bequeme Schuhe sind Problem in der Beziehung.«

Ein guter Liebhaber ist wie Waschmittel.
Er dringt tief ein, wirkt sofort und hinterlässt bei
den Frauen ein strahlendes Lächeln.

Wenn du einen Mann richtig kennenlernen willst, dann achte nicht darauf, was er sagt, sondern wie er handelt.

Eigentlich hoffen wir bei einer Beziehung immer auf einen Menschen, der unser Navi ausstellt und sagt: »Du hast dein Ziel erreicht.«

Lieber einen Partner, der ständig fragt, wo ich bin, mich anruft und wissen will, wie es mir geht, der eifersüchtig ist, weil er Angst hat, mich zu verlieren, als einer, dem ich scheißegal bin.

Keine Beziehung ist perfekt, aber eine gute Beziehung ist die Arbeit wert.

Tipp für Singles: Wenn man 5 Würstchen in der Hand trägt, fühlt es sich an wie Händchenhalten.

Wenn du einen Mann verstehen willst, dann musst du denken wie ein Mann. Auch wenn es schwerfällt.

»Was?«

»Ja genau, das ist für den Anfang schon mal ganz gut.«

Natürlich arbeiten Männer härter als Frauen … weil Frauen es beim ersten Mal gleich richtig machen.

Es gibt Männer, die suchen ihren Spaß bei sehr vielen Frauen. Diese Männer sind zu bemitleiden, weil sie nicht wissen, wie viel Spaß sie mit einer einzigen Frau haben können. Und das für immer.

Die Zeit zwischen »ICH DICH AUCH« und »DU MICH AUCH« nennt man übrigens Beziehung.

Wenn dein Ex zu dir sagt: »Du wirst nie wieder jemanden wie mich finden!«, denk einfach: »Ja, genau das ist der Plan.«

Verheiratete Männer leben statistisch gesehen länger, sind jedoch früher bereit, zu sterben.

Manchmal nervt es mich, wenn ich auf mein gutes Aussehen und meine hohe Intelligenz reduziert werde. Ich bin auch gut im Bett.

Ich liebe die Vögel und die Vögel lieben mich. Doch der, den ich liebe, vögelt mich nicht.

Bei der Sendung »Die Bachelorette« wäre ich ja der Kandidat, der in Jogginghosen ankommt, die Frau stehen lässt und erst mal das Buffet leerfuttert.

Ich mag keine Menschen, die ständig Sex haben und damit immer angeben. Was ich sehr unhöflich finde, ist, dass sie nie fragen: »Willst du auch mal?« Wirklich sehr unhöflich, sowas.

Die beste Zeit in einer Beziehung ist ganz am Anfang, wenn man sich noch nicht getroffen und kennengelernt hat … und noch Single ist. Man sollte in einer Beziehung nie so einen Satz sagen: »Ich muss ja echt zugeben, dass ich dich scheiße gefunden habe, als wir uns kennengelernt haben.« Wenn dann die Frage kommt: »Und jetzt?« und man antwortet: »Und jetzt was?«, wird es kompliziert.

Wenn Frauen Shoppen gehen, sagen sie dir nie, wie viel Geld sie ausgegeben haben. Sie sagen dir immer nur, wieviel Geld sie gespart haben.

Ich muss keinen Sex haben, um zu stöhnen. Aufstehen und Schuhe zubinden reicht vollkommen aus.

Ich habe mal eine langjährige Beziehung beendet. Gut, es war nicht meine.

Wenn eine Ehe in die Brüche geht, sind beide schuld: Frau und Schwiegermutter.

Meine Nachbarn waren beide fünfmal verheiratet. Horst nannte man immer den »Herrn der Ringe«.

Wenn Emma gefragt wird, wie die Hochzeitsnacht war, sagte sie: »So wie immer.«

Meine junge Nachbarin Mandy wollte auch heiraten und hat Emma gefragt, was sie denn in der Hochzeitsnacht anziehen solle. Emma meinte nur: »Die Beine, Darling, nur die Beine.«

Nach 4 Jahren habe ich endlich den G-Punkt meiner Freundin gefunden. Wer konnte denn ahnen, dass dieser in ihrer Schwester ist …

»Mein Freund Harald ist gestern mit meiner Frau durchgebrannt.«

»Wie lang hast du Harald gekannt ?«

»Seit gestern.«

Es gibt zwei Arten von Viagra: für daheim und für auswärts.

Was ist da der Unterschied?

Die für daheim machen noch zwei Stunden blind.

Nein, das das war ein Spaß … drei Stunden natürlich.

Wie kann man denn keinen Respekt für Frauen haben?

Ich komme aus einer Frau.

Eine Frau hat mich erzogen.
Mein erster Kuss war mit einer Frau.
Mein erstes Kind kommt von einer Frau.
Ich habe wahnsinnigen Respekt vor Frauen.

Ohne Frauen wäre unser Penis im Arsch.

Das Wichtigste an einem Mann ist, dass er einen zum Lachen bringt. Er darf dumm sein, sollte aber nicht stinken. Bei witzigen Typen ist es so: Du lachst und lachst und lachst … irgendwann bist du nackt. Wenn dir eine Frau ein Lachen schenkt, dann schenkt sie dir auch noch mehr.

In der Apotheke wollte ich die Renter Bravo holen. Dann haben sie mich rausgeschmissen ... nur weil ich ein paar Kondome ausprobiert habe.

Fragen von Frauen:
1. Was denkst du gerade?
2. Liebst du mich?
3. Findest du mich zu dick?
Liebe Männer, bitte antwortet nie auf diese Fragen. Schaut einfach, dass ihr Land gewinnt. Ihr könnt nur verlieren. Einfach weg … in den Wald, zum Sport, alten Menschen helfen … egal was, nur weit weg.

Ich bin ein optimistischer Single.
Bei mir ist das Bett halb voll.

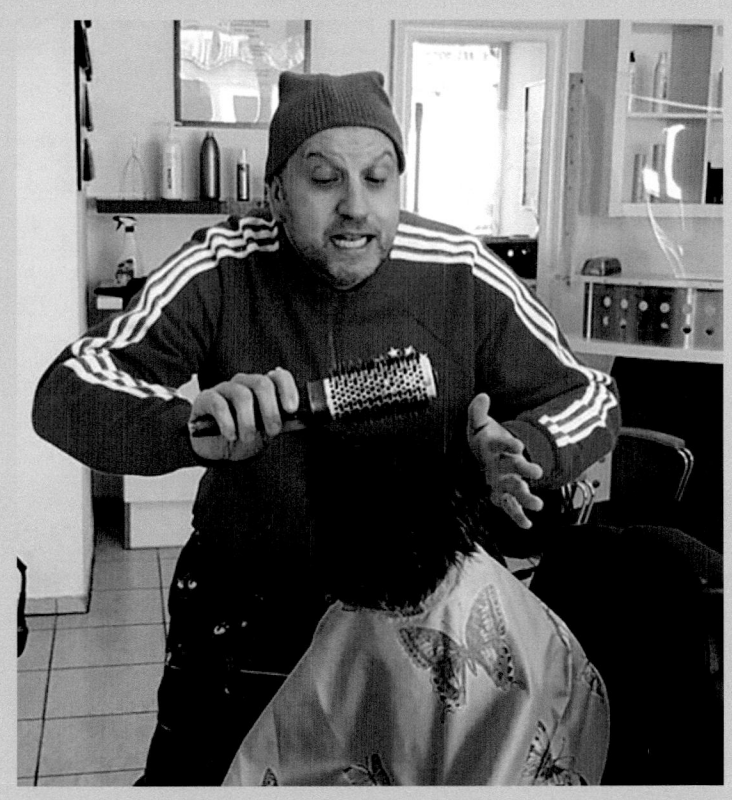

Für Geld mache ich alles!

4. HAIR-VORRAGEND

Love is in the Hair.

Als 15-Jähriger mit einem abgeschlossenen Hauptschulabschluss stand ich vor einer lebenswichtigen Entscheidung: Wo sollte es beruflich hingehen? Ich war nicht gerade der hellste bei der Firma Dunkel. Es gab also wenig Möglichkeiten für mich. Ich wollte auf jeden Fall etwas machen, wo ich mich schnell selbstständig machen konnte. Und es sollte etwas im kreativen Bereich sein, das wusste ich schon als kleiner Junge. Nach meinem Praktikum in einem Friseurshop wusste ich dann, was ich werden wollte.

Heutzutage studieren alle jungen Menschen. Was auch nicht schlecht ist. Wenn ich mitkriege, dass jemand sagt, er mache »nur« eine Ausbildung, dann schwillt mir echt der Kamm. Wir müssen endlich wieder dahin kommen, dass Ausbildungen wertgeschätzt werden. Es kann nicht sein, dass man denkt, dass nur Studierende was erreichen können.

Meine Geschwister haben alle einen bodenständigen Beruf erlernt: Metzgereifachverkäuferin, Schornsteinfeger, Betriebswirt und Gas-Wasser-Scheiße. Da ich sowieso immer etwas anders war, wollte ich Friseur werden. Wisst ihr, wer es zuerst gemerkt hat? Die Barbiepuppen meiner Schwester.
Ich wollte schon immer von der Einkommensschere profitieren – schon im Kindergarten war ich damals der Udo Walz der Barbiepuppen. Das war seit jeher mein

Ding: Leute vollquatschen, die vor mir auf Stühlen sitzen. Ich war halt als Kind schon ein Menschenfreund. Ich wollte alle Menschen unter die Haube bringen. Trotzdem durfte ich Opa nie die Haare in der Badewanne föhnen. Dafür habe ich an Weihnachten dem Weihnachtsbaum die Äste geflochten.

Mein Vater meinte damals: »Mach doch Balletttänzer oder Visagist. Hauptsache nichts Schwules!«

Als ich 10 Jahre alt war, durfte ich länger aufbleiben. Es kam ein Film, der »Shampoo« hieß. Ein Friseur, der Kunden zuhause, also im Homeoffice, die Haare geschnitten hat. Bei seinem Hausbesuch hat er dann der Mutter und der erwachsenen Tochter die Haare geschnitten. Sie konnten ihn nicht bezahlen, dann meinte die Mutter: »Du kriegst es in Naturalien, du bekommst eine ›Ménage-à-trois‹« Ich dachte, es sei eine französische Nachspeise. Viele Franzosen würden da nicht widersprechen. Ich habe mir in der 7. Klasse im Französischunterricht auch einen Tadel eingefangen, als ich sagte, Ménage-à-trois sei mein Leibgericht.

Heute weiß ich, dass ich nach beidem eine Zigarette rauche. Leute, ich hatte keine Ahnung, dass es was Verdorbenes war. ›Popcorn‹ hielt ich damals für etwas Versautes und ›Quattro Stagioni‹ war für mich ein italienisches Kurzstreckenticket.

Als Teenager habe ich dann den Film *Basic Instinct* mit Sharon Stone angeschaut. Als da die berühmte Szene kam, in der sie ihre Beine spreizte, sodass man eventuell einen Blick auf ihre Muschi erhaschen hätte können, da war ich der Einzige, der nicht zwischen ihre Beine, sondern auf ihre Frisur geachtet hat.

Da gibt es ja eine Menge Klischees. Friseure brauchen eigentlich keine Heizung. Es reicht, wenn sie durch die Räume laufen. Und: Friseure können mit der flachen Hand bügeln.

Als Kind habe ich gerne gezaubert. Da gab es den Trick der zersägten Jungfrau. Ich habe es mit meiner Schwester versucht. Es hat leider nicht so geklappt. Die Arme liegt im Krankenhaus auf Zimmer 304 und 306. Ich habe jetzt auch eine Halbschwester.

Comedy hat mich damals schon interessiert. Ich hatte eine Riesenidee und zwar »Comedy aus dem Lieferwagen«. Wie ein Foodtruck, der verschiedene Orte ansteuert. Für Kinder hätte ich auch Süßigkeiten dabeigehabt. Ich dachte mir, als Abschnittsgefährte machst du immer einen guten Schnitt.

Welcher Beruf mich interessiert hat, war z.B. Frauenarzt. Meine Musiklehrerin fragte mich mal, was ich werden will. Ich sagte: »Allein nur wegen Ihnen Frauenarzt« Ich bekam einen Eintrag ins Klassenbuch. Aber so Frauenarzt auf 450 Euro Basis könnte ich mir super vorstellen.

Ein Bekannter von mir ist Frauenarzt. Er war mal in der Oranienburger Straße in Berlin unterwegs. Dort stehen immer viele Frauen herum. Da sagte eine Dame zu ihm: »Na Süßer, willst du mal meine Muschi sehen?« Er sagte: »Nein, ich habe schon Feierabend.«

Es gibt sogenannte Blowbars (in diesen Shops werden nur Haare geföhnt und gestylt, nicht geschnitten.)

Ich wurde mal gefragt, welche Berufsgruppe am meisten Sex hat. Ich denke, es sind Prostituierte.

Ein Bart macht noch lange keinen Mann aus dir.
    Selbst auf einer Muschi wachsen Haare.
    Der beste Schutz gegen Haarausfall ist eine Glatze.

Ich habe so gerne meine kleinen Kunden verarscht. Habe sie dann immer gefragt: »Wenn eine halbe Glatze 50 Haare hat, wieviel hat dann eine ganze Glatze?« Der fragende Blick von den Kids … unbezahlbar.

Treffen sich zwei Geheimratsecken auf einer Glatze. Sagt die eine zur anderen: »Um ein Haar hätten wir uns verpasst.«

Als Jugendlicher hatte ich zum Geldverdienen einen coolen Job. Ich habe aus alten Weinkisten Regale gebaut und verkauft. Mein alter Mathelehrer hat mich auf dem Flohmarkt gesehen und fand die Idee klasse. Er meinte: »Du warst in Mathe nie so besonders gut, es freut mich, dass du was auf die Beine gestellt hast. Wie klappt es?« Ich sagte: »Zuerst kaufe ich alte Weinkisten für einen Euro. Dann schleife und streiche ich sie und verkaufe sie für 9 Euro. Von den acht Prozent kann ich super leben.«

Mein erstes Mal, als ich eine Kundin bedienen durfte, war sehr kurios. Es war Samstagmorgens, 7 Uhr. Ein Bauer und eine Bäuerin kamen in den Friseurladen. Sie kamen direkt aus dem Kuhstall mit ihren Miststiefeln. Er meinte: »Mach bloß meine Erna nicht so hübsch, nicht, dass sie mir noch wegläuft.« Ich denke: Ja genau, das ist ihr größtes Problem in eurer Beziehung. Erna roch richtig schön nach Landluft. Ich ließ sie Platz nehmen und machte eine Umhang rum. Meine Kollegin fragte, ob ich sie waschen kann und ich machte es. Sie gab mir ein Shampoo. Ich machte es drauf und massierte es auf die Kopfhaut. Sie hatte noch Eierschalen in den Haaren. Es war ekelhaft. Mein Chef fragte: »Warum benetzt du das Haar nicht mit Wasser?« Ich: »Auf dem Shampoo steht drauf, dass es für ›Trockenes Haar‹ ist.« Mein Chef sagte dann: »Wie kann man nur so viel Scheiß bauen?« Ich voller Stolz: »Ich stehe früh auf.«

In einem Restaurant sagte ich zum Kellner: »Ich hätte gerne zwei Eier und einen Ochsenschwanz.« Darauf meinte der Kellner: »Ja, das hätte ich auch gerne.«

Ich schreibe übrigens an einem Übersetzungsbuch »Friseur-Deutsch«.

Wenn der Friseur sagt: »Die Frisur sieht pfiffig aus«, kannst du deine Haare gleich anzünden.

Wenn er sagt: »Das ist frech.« Dann hat er sich verschnitten.

Wenn er aber sagt: »Du kannst es tragen.« Dann ist es das schlimmste Kompliment, das er dir geben kann. Das bedeutet: »Du kannst alles tragen, dir steht eh nix.«

Wenn die Kunden nicht wissen, was sie wollen, entscheidet immer ein Münzwurf. Zopf oder Kahl.

Kunde am Telefon: »Sind Sie heute schon voll?« Ich: »Ja, komplett voll.« Er: »Dann rufe ich wieder an, wenn Sie wieder nüchtern sind« und legt auf.

Anrufe beim Friseur hören sich immer an, als wäre man in einem Erotikshop.

»Hallo, wann kann ich kommen?«

»Wann kannst du?«

»Ich kann immer.«

»Was wird gemacht?«

»Bei mir nur untenrum, geht das?«

»Ja, das geht schnell.«

»Kannst du noch meine Freundin drannehmen? Bei der geht es relativ schnell. Sie will aber nur einen Blowjob (Föhnen).«

»Dann mache ich es euch zusammen.«

Daraufhin musste ich viel Balayage machen. In diesem Fall aber nicht die spezielle Farbtechnik, sondern das französische Wort für ›Fegen, Fegen, Fegen‹.

Mir ist aufgefallen, dass Männer sich gerne von Frauen die Haare schneiden lassen und umgekehrt.

Als Frau solltest du immer zu einem Friseur gehen, weil die Friseurin die Kundin immer als Konkurrenz sieht. Die Friseurin wird dich nie so gut frisieren wie ein männlicher Kollege. Die Friseurin will immer die hübschere sein.

Wisst ihr, was der Lieblingshaarschnitt der Männer ist? So wie immer.

Und wenn ich manchmal die Kunden frage: »Was wollen Sie denn?«, kommt die Antwort: »Normal« oder »Standard«.

Das erinnert mich an den Film mit Til Schweiger, »Wo ist Fred?«

Da muss er einen Behinderten faken, um einen signierten Basketball für seinen Stiefsohn zu bekommen. Er wird im Rollstuhl von seinem Kumpel umhergeschoben. Da fragte dann die Heimleiterin den Kumpel: »Was hat denn der Fred für eine Behinderung?« Da meinte der Kumpel: »Ja ganz normal Standard.«

Wenn du neu in der Stadt bist und einen Friseur suchst:

Wo geht man hin? Erst mal bei den Kollegen fragen, wo die hingehen, dann schauen, was für ein Laden mir sympathisch ist. Friseurnamen können auch helfen – je nachdem, was einem da zusagt: Der Fantasie sind keine Grenzen gesetzt.

Es ist ein schmaler Grat, auf dem die Betreiber der Friseursalons umherwandern. Bei der Namensfindung greifen sie gerne zu doppeldeutigen Begriffen. Im schlimmsten Fall landet man in der Wortspielhölle.

Vorhair – Nachhair, Kammbäck, Schnippstelle, Haarley, Him & Hair, Haar$_2$O, Barberossa, Elementhair, Well Kamm, Haarwai, Haarchitekten, Haarem, Haarstadt, Liebhaarber, Sahaara, Wundhairschön, Cutbusser, Cut Walk, Final Cut, First Cut, Abschnitt, Sahne Schnitte, Schnittwerk, Fairschneiden, Schneidbar, Schnittstelle, Kamm2Cut, Kopfarbeit, Head Attac, Headhunter, Lockenbude, Reinlocken, Verlockend, Kaiserwelle, Chichaaria, Chicolores, PottChic, Schick Saal, Salonlöwe, Pony&Clyde, Ponylounge, Ali Barber, Chaarakthair, Haargenau, Haarscharf, Haarlekin, Haartrixx, Hairport, Haartistik, Haartist, Haartistik, Kamm In, Schau Hair, Wellenreiter, Glatzenföhner.

Falls ihr das erste Mal in einen Friseurshop reinkommt und da sind zwei Friseure, und der erste hat eine gute Frisur und der andere eine schlechte Frisur – von wem lasst ihr euch bedienen?

Ihr müsst zu dem mit der schlechten Frisur. Weil der den Gutfrisierten gestylt hat. Somit habt ihr wieder was gelernt. Bitte, dankeschön!

Männer haben Bärte und Frauen haben Damenbärte.

Russisches Sprichwort »Wenn die Frau hat Bart kann sein ist Mann.«

Sehr viele Menschen schauen auf Friseure hinunter. Aber: Friseure sind wichtig. Wenn es keine Friseure gäbe, wären unsere Haare viel zu lang. Egal, ob ungünstiger Wirbel oder eine Fickpalme, wir bekommen alles in den Griff.

Viele Eltern beschweren sich immer bei uns Friseuren mit der Aussage: »Fragt die Kinder nicht immer, ob sie ein Pony wollen.«

Eine Frau ruft an: »Haben Sie Corona?« Ich sage: »Nein.« Daraufhin sagt sie: »Dann sind Sie nicht der richtige Friseur für mich«, und legt auf.

Ich rufe beim Gesundheitsamt an und frage, ob wir als Friseure wegen Covid jetzt Schutzmasken bekämen? Die Dame meinte: »Nein, wir haben keine da. Schauen Sie einfach, dass Sie einen Abstand von 1,50 Meter einhalten.« Ich habe ihr einen schönen Tag gewünscht und aufgelegt.

Mein Bad Hair Day zieht sich heute übers ganze Gesicht.

Für viele war es die schlimmste Frisur aller Zeiten.

Zu meiner Anfangszeit als Friseur war der Vokuhila (vorne kurz, hinten lang) die Standard Frisur für David Bowie und lesbische Frauen, die sich als »Butch« identifizieren.

In ganz Europa war sie beliebt. Ob Dieter Bohlen, David Hasselhoff, Wolfgang Petry, MacGyver, Patrick Swayze oder Chuck Norris. Alle trugen diese edgy Frisette auf dem Kopf. Dazu gab es noch einen Pornobalken – einen sogenannten Oliba (Oberlippenbar).

Vokuhila und Oliba gehörten zusammen wie:

- Susi und Strolch
- Max und Moritz
- Fick & Fertig (Narumol-Legende)

Der Nackenspoiler war ein absolutes Muss bei ProfiKicker und Mantafahrer.

- In Schweden nennt man die Frise einfach »Hockeyfrilla«,
- in Holland »Duitse Mat« (Deutsche Matte),
- in Frankreich nennt man sie »Coiffure de Footballeur allemand« (Frisur des Deutschen Fußballspielers),
- in Italien »Capelli alla tedesca« (Haare nach deutscher Art),
- In Tschechien nennt man es »Jagr« (Nach dem Eishockeyspieler Jaromir Jagr)
- und in Ungarn sagt man dazu nur »Bundesliga«

Eine Kundin erzählte mir, dass sie jetzt beim Sex mehr aufpassen müssen, weil ihr Mann sich einer Vasektomie unterzogen habe.

Ich frage sie: »Warum müssen Sie jetzt mehr aufpassen? Ihr Mann ist doch sterilisiert?« Sagt sie: »Ja, genau deshalb.«

Natürlich kommen auch internationale Kunden in den Friseurshop. Da sollte man auch ein paar Fremdsprachen beherrschen. Wenn eine Kundin mal einen Bad Hair Day hat und man versucht, ihr ein deutsches Sprichwort auf Englisch zu übersetzen: »There stands my hairs to mountains.« «I break together.«

Eine Kundin sagte einmal zu mir, dass ihr Vibrator kaputt sei.
Ich: »Hast du neue Batterien reingesteckt?«
Sie: »Ja, ist aber nicht dasselbe.«

Ein Kumpel war mal in eine Friseurin verknallt. Er hat mich gefragt, ob er vorher noch zum Friseur gehen soll.

Ich war mal in Italien in einem kleinen Dorf zwischen Rom und Neapel beim Friseur. Mein Kumpel meinte, dass ich eine Rasur nötig hätte. Wir wurden als Touristen auch bevorzugt behandelt und ich kam gleich dran. Ich setzte mich und er machte den Rasierschaum fertig. Dabei spuckte er in die Schüssel und schlug den Rasierschaum auf. Ich sagte dem Friseur: »Es ist sehr unhygienisch, in die Schüssel zu spucken, ist das bei euch normal?«

Er meinte: »Ja, ich wollte höflich sein. Normalerweise spucke ich den Einheimischen direkt ins Gesicht.«

Eine Kundin kam in meinen Laden. Die Dame hatte rausgewachsene Strähnen und eine rausgewachsene Dauerwelle. Eigentlich war da alles rausgewachsen. Sie fragte mich, ob ich ihr helfen könnte. Ich bin zwar kein Stuckateur, aber ich wollte ihr helfen. Ich rief meine Kollegen und sagte: »Hey Kevin, deine Kundin.«

Einmal erzählte mir ein Ehepaar, dass sie eine Kreuzfahrt in der Karibik gemacht hatten. Ich fragte sie, wo sie überall gewesen waren. Der Mann meinte: »Wir sind in New York gestartet und fuhren dann Richtung Süden. Bahamas, Bermudas und dann noch dahin, wo der langhaarige Rapper herkommt.«

Ich sagte: »Daddy Yankee kommt aus Puerto Rico, der hat aber kurze Hare. Pitbulls Eltern kommen aus Kuba, er wurde aber in Miami geboren und hat außerdem eine Glatze. Ich weiß wirklich nicht, wen ihr meint?« Ich habe mir den Kopf zermartert.

Der Mann: »Doch, der eine Rapper mit den Rastazöpfen …«

Endlich kam ich drauf. Was meint ihr, wen sie gemeint haben? Bob Marley aus Jamaika.

Graue Haare sind voll im Trend. Wenn jetzt auch noch Falten und Übergewicht modern werden, ist das mein Jahr.

Die Haare sollen ab. Oder zumindest ein Stück kürzer. Kurz, aber nicht ganz kurz. Also schon noch lang. Also eigentlich wie jetzt, nur anders. Bitte nur Spitzen schneiden, aber eine ganz neue Frisur.

Ein Kollege hat es mit dem Waschen nicht so gehabt und hat immer gemüffelt. Egal, wo er stand, er war immer in Riechweite. Ich wollte ihn motivieren, mehr Seife und Wasser zu benutzen und fragte: »Sag mal, duschst du nach dem Sex? Er meinte: »Ja, klar.« Da sagte ich: »Okay, dann solltest du mal wieder Sex haben.«

Friseurin: »Sind Sie mit der Länge zufrieden?«
    Kunde: »Bis jetzt hat sich noch niemand beschwert.«
    Friseurin: »Was???«
    Kunde: »Was???«

Mein erstes Selbstprortä … potä … portä … -bild!

Kinder sind so toll … Hauptsache, es sind nicht deine.

5. HAPPY FAMILY

Ich war in Prag mit meiner Fußballmannschaft bei einem internationalen Turnier. Damals hatte ich auch eine Freundin, mit der es grundsätzlich sehr entspannt war. Es gab noch keine Handys und eines abends wurde ich an die Rezeption gerufen. Telefon für mich. Es war meine damalige Freundin, sie war komplett aufgelöst und hat weinend erzählt, dass sie denkt, sie könnte schwanger sein. Ich war wirklich schockiert. Wie konnte das sein? Als ich sie das erste Mal getroffen habe, habe ich zu ihr gesagt, dass ich Atheist bin. Sie meinte, dass sei ihr egal, sie nähme die Pille. Bin davon ausgegangen, dass alles passt. Klar hab ich ihn mal so reingehängt ohne Kondom. Ich wusste doch, was ich tat?

Es war sehr schwer, sich auf Fußball zu konzentrieren. Wie sollte ich das meinen Eltern erklären? Meine Mutter dachte, ich würde nur Händchen halten und bissl Knutschen. Mir war es peinlich, dass meine Eltern mitbekamen, dass ich auch bumse.

Es war mir auch immer ein Rätsel, warum manche Familien fünf Kinder hatten und andere nur zwei. Ich dachte, dass komme halt so. Wie es natürlich im Dorf üblich ist, hat man sich auch selbst aufgeklärt.

Mein Kumpel hatte eine Fachzeitschift von seinem Vater. Die hieß »LKW-Fahrer intim … Die Kabinenkracher kommen.« Es war ekelhaft, was ich da sehen musste. Es war sehr abstoßend.

Mein Kumpel meinte, das machten meine Eltern auch. Ich sagte, nein, die machen so eine Sauerei nicht.

Er sagte doch, das machen sie. Ich habe mich dann mit ihm geprügelt, weil ich nicht wollte, dass er so über meine Eltern spricht. Wir sind dann zu mir in den Keller und haben Apfelsaft getrunken. Er meinte, ob meine Eltern ab und zu auch mal zusammen sind. Dann meinte ich: »Ja.« So waren wir uns einig, dass manche Familien Glück haben und Kinder bekommen, manche halt nicht.

Ich habe auch nie den Gag verstanden, als Otto Waalkes in seiner Show eine Frau fragte: »Haben Sie Kinder?« Sie sagte: »Ja, sieben.« Und Otto meinte: »Haben Sie auch andere Hobbys?« Alle lachten und ich wusste nie warum.

Später habe ich einen Gag gehört, den ich dann verstanden habe. Die Urgroßmutter wird 100. Ein großes Familienfest. Alle sind da. Kinder, Enkel usw. Dann fängt sie an zu lachen. Der Enkel fragt: »Warum lachst du denn so, Oma?« Sie sagt: »Wenn ich nicht gevögelt hätte, wäre keiner von euch hier.« Für mich ist es komisch, dass Menschen sich so weiter fortpflanzen.«

Ich denke, da gibt es die romantische Variante: Der Storch kommt mit dem Fahrrad und bringt die Babys. Vorne einen Korb mit Kindern und hinten einen Korb mit Kindern. Die vorne im Korb singen immer: »Wir sind die schönsten Kinder der Welt …« Wenn ihr das Lied nicht kennt, wart ihr wahrscheinlich im hinteren Korb.

Kinder sind wie Pfannkuchen. Der Erste geht immer daneben.

Natürlich ist mein Kind ein Sexresultat. Es hört sich nicht gut an, aber so ist es nun mal. Selbst wenn man die Kinder abgeben möchte, weil man wieder von vorne beginnen will. Man setzt sie irgendwo aus und hofft, dass sie in gute Hände kommen. Man darf dabei nie den olfaktorischen Aspekt in der Verwandtschaft vergessen. Ein Kind wird seine Eltern immer wieder am Geruch erkennen.

Wenn ihr euch fragt, ob Kinder eine Option für euch sind, dann macht eine Liste mit Pro und Contra:

PRO	CONTRA
Du hast ein Kind	Kein Schlaf
Nie mehr Langeweile	Kein Geld
	Keine Quality Time
	Kein Sexleben
	Kein cooler Urlaub
	Keine Einladungen
	Keine Partys

Egal, wie dir ein Kind das Leben versaut: Du liebst es trotzdem und es ist das größte Geschenk, das du bekommen kannst. Als mein Sohn etwa fünf Jahre alt war, sagte er, bevor er ins Bett ging: «Papa, ich glaube, bei mir unterm Bett ist ein Monster.« Ich beruhigte ihn und sagte: »Das kann nicht sein. Das Monster liegt bei mir im Bett.«

Irgendwann kommen die Kinder an und wollen ein Haustier.

Was ist da am besten? Hund, Katze oder Hamster?

Ich hab mal eine Liste erstellt:

Hund:	Hyäne:
Kostet Hundesteuer	Steuerfrei
Bellt oft	Kichert sympathisch
Gassi gehen	nicht nötig
Man kann ihn nicht überall mitnehmen	will nicht mit
Teures Futter	isst alles
Nachbar beschwert sich	Nachbar wurde seit letzter Beschwerde nicht mehr gesehen

Der Trend geht ganz klar zur Hyäne.

Die Liebe auf Lebenszeit ist zwar romantisch, aber Schnee von gestern. Jede dritte Ehe wird geschieden. Die durchschnittliche Ehedauer beträgt 14 Jahre. Heute geht das Liebesleben meistens so: Wir haben ein paar Freundinnen, Affären, Flirts. Dann Ehe und Scheidung und dann wieder das Programm von vorn. Zweite Ehe, Dritte Ehe und so weiter.

Mein Sohn und ich sind Fußballfans. Wir wollten mal ein Livespiel im Mutterland des Fußballs anschauen. Ich bekam noch zwei heißbegehrte Tickets für das Spiel Arsenal London gegen Tottenham Hotspurs.

Da wir nur zwei Tage in London waren, sind wir nur mit Handgepäck geflogen. Um Platz im Koffer zu sparen, habe ich mir ein kleines Hello Kitty-Handtuch von meiner Tochter geborgt. Nach dem Flug kamen wir am Flughafen an und gingen dann direkt zu unserem kleinen Hotel im Stadtteil Notting Hill. In dem Hotel war das Bad auf dem Flur. Das störte uns aber nicht, da wir sowieso nur zwei Nächte dort waren. Ich wollte erst mal duschen und mich frisch machen, bevor wir zum Spiel gingen. Da das Bad direkt neben unserem Zimmer war, ging ich nur mit dem Duschgel und dem Hello Kitty-Handtuch ins Bad. Mein Sohn schaute Fernsehen.

Plötzlich kam mein Sohn zu mir ins Bad, weil er mich was fragen wollte. Dabei fiel unsere Hotelzimmertüre zu. Ich sagte: »Hast du den Schlüssel dabei?« Er fragte: »Welchen Schlüssel?« Zu spät. Wir saßen im Schlammassel. Ich habe versucht, mir das Handtuch um die Hüfte zu wickeln, aber es war einfach zu kurz. So bin ich dann nackt zur Rezeption runtergelaufen, um einen Ersatzschlüssel für unser Zimmer zu holen. Da musste ich durch.

Natürlich habe ich den Körper für so eine Aktion. Wer wird denn in so einer Situation das Handtuch werfen? Damit mich keiner erkennt, habe ich mich dann entschieden, das Handtuch vors Gesicht zu halten. An der Rezeption meinte der Rezeptionist »Excuse me, Sir, zum Brasilian Waxing geht's da lang.« Es war mir sehr peinlich, weil gerade zu der Zeit eine Frauen-Volleyball-Mannschaft eingecheckt hat.

Ist Ihr Haus kindersicher? Nein – zwei haben es doch reingeschafft.

Hebammen in Brighton forderten, in England solle man zukünftig nicht mehr Muttermilch (Breastmilk) sondern Brustkorbmilch (Chestmilk) oder Menschenmilch (Human Milk) sagen. Der Grund dafür sei, dass man auch Transpersonen, die KiGender bekommen, in der Sprache inkludieren möchte und diese Personen damit nicht diskriminieren wolle. Ich glaube, das ist das kleinste Problem von Transpersonen, wie Muttermilch heißen soll.

Das größte Problem der LBGTQ-Community ist, dass alle ihr eigenes Klo wollen.

Gewichtheberin Laurel Hubbard war früher ein Mann und wollte jetzt bei den olympischen Spielen bei den

Frauen starten. Genetisch war sie eigentlich ein Mann. Wo ist da die Fairness? Jetzt konnte sie aber nicht starten, weil sie eine Torsion (Hodenverdrehung) hatte. Wie kann eine Frau eine Torsion haben? Verdrehte Welt. Ich habe z.B. noch nie mitbekommen dass sich Frauen wie Männer fühlen und dort bei den Sportarten mitzumachen.

Als ich frisch verheiratet war, meinte meine Frau, ich sollte mir von einer Wahrsagerin die Zukunft vorhersagen lassen.

Ich war also bei der Zigeunerin.

(Ah, das sagt man ja nicht mehr, das ist ja nicht politisch korrekt!)

Okay. Ich war also bei der Roma-Oma.

(Ah, shizzle, jetzt sogar altersdiskriminierend!)

Also — ich war bei der Rotationseuropäerin mit lockerem Verhältnis zu fremdem Eigentum.

Sie schaute in die Glaskugel und meine: »Du wirst ein Kind bekommen.«

Ich sage: »Ja, ich weiß, aber bitte sag nichts meiner Frau.

Wie kann ich meinen Kinder zeigen, wie wichtig Bildung im Leben ist und wie kann ich sie für den Schulbesuch motivieren? Ich gebe meinen Kindern für Einsen 100 Euro. Und wisst ihr, was mich das gekostet hat? Keinen Cent – weil meine Kinder strohdumm sind.

Vergessen kann man nur, wenn man was weiß.

Mode kann ich ...

Mode ist meine Welt!

6. WEIS-HEITEN

1. Wenn bled bisch, brausch net bled doa. (Du musst dich nicht blödstellen, wenn du blöd bist.)
2. Mit der Dommheit ischs so. Mor selber merkts net.(Man merkt es selber nicht, wenn man dumm ist.)
3. Frau zum Mann: »Glaubst du, dass das Leben nach dem Tod schöner ist?« Er: »Es kommt drauf an, wer stirbt.«
4. Der Mensch soll und muss sogar fremdgehen. Es belebt die Partnerschaft. Gehen Sie nicht fremd, sondern nur bekannt! Gehen Sie mit dem eigenen Partner fremd!
5. Eine negative Erwartung bringt oft ein negatives Ergebnis.
6. Das Gehirn lässt sich oft austricksen. Essen ist Kopfsache und keine Geschmackssache.
7. Eine schwäbische Frau wird sich nie scheiden lassen. Sie will nicht, dass der Mann glücklich wird.
8. Patches O Houlihan sagt: »If you can dodge a wrench, you can dodge a ball.«
   (Wenn du einer Schüssel ausweichen kannst, kannst du auch einem Ball ausweichen.)
9. Essen, was gar ist, trinken, was klar ist, sammeln, was rar ist und vögeln, was da ist.
10. Happy wife – happy life.
11. If mum is not happy, nobody is gonna be happy.

12. So wie du den Kerl bekommst, so verlierst du ihn.
13. Säufst du, stirbst du. Säufst du nicht, stirbst du auch ... also säufst du.
14. Ein guter Haushalt hat immer Vaseline am Start.
15. Eine alte Suppe schmeckt auch, wenn man sie nicht aufwärmt.
16. Der Unterschied zwischen Frauen und Lebensmittel: Frauen werden erst besser, wenn sie verdorben sind. Frauen werden nicht älter, sie milfen!
17. Willst du das Herz der Mutter erquicken, dann musst du erst die Tochter ... fragen.
18. Wenn das Augenlicht des Jägers erlischt, ist alles vorbei.
19. Frauen haben ein Gen mehr ... Das »Auf-den-Sack-Ge(h)n«.
20. Das Wichtigste im Leben sind die drei großen Fs: Familie, Freundschaft und Fic ... Fiel, Fiel Liebe.
21. Sex ist schön, aber Weihnachten ist öfter.
22. Manchmal verliert man und manchmal gewinnen die anderen.
23. Der schönste Fall ist der Beifall. Der schönste Schlaf ist der ... vor Mitternacht.
24. Beim Angeln, Jagen und vor dem Bumsen wird am meisten gelogen.

25. Selbst wenn die Frau aus Glas wäre, du könntest nicht reinschauen.
26. Viel Fress, viel Scheiß.
27. Marc Terenzi : Die Regelns sind die Regelns.
28. Das Herz will, was das Herz will.
29. Laufe niemals einer Frau oder einem fahrenden Bus hinterher. Du wirst immer zurückbleiben.
30. Alte Liebe kostet nichts.
31. Wenn man nicht singt, ist es kein Theater.
32. Folge deinem Herzen.
33. Leg dich ganz entspannt hin. Frauen übernehmen beim Sex gerne die ganze Arbeit.
34. Ein Mann ist so alt, wie er sich fühlt. Und eine Frau ist so alt, wie sie sich anfühlt.
35. Auch von dünnen Spätzle bekommst du einen breiten Arsch.
36. Auch der Herbst hat noch ein paar schöne Tage.
37. Bleib so, wie du bist. Was anderes bleibt dir auch nicht übrig.
38. Transen und Frauen sollte man nie alleine in den Wald lassen.
39. Man muss viele Frösche küssen, bis mal ein Prinz dabei rauskommt.
40. Das schöne Mädchen von Seite 1 hat keine Titten und heißt Karl Heinz.
41. Single = ledig – Verheiratet = erledigt.
42. Alter Boxerspruch: »Geben ist seliger denn nehmen«.

43. Es ist schön, wenn man die Frau fürs Leben gefunden hat. Es ist aber auch schön, wenn man noch ein paar andere kennt.
44. Wein kann man auch aus Trauben machen.
45. Ich und meine Bank haben viel Geld.
46. Wer anderen eine Grube gräbt, ist ein Grubengräber.
47. Ein Bär, der nicht gefressen hat, tanzt auch nicht.
48. Gute Mädels kommen in den Himmel. Die Bösen in mein Bett.
49. Liebe ist, wenn Treue Spaß macht.
50. Ich liebe mein Bier am Abend. Das ist fast so gut wie mein Bier am Morgen.
51. Viel hilft viel.
52. Guter Rad ist teuer. (Murat, 42, Fahrradverkäufer)
53. Wisst ihr, wann Frauen toll aussehen? Auf alten Bildern.
54. Ständiges Zusammensein nimmt der Liebe die Spontanität.
55. Da lässt man mal was fallen und schon ist man seinen Job los. (Petra, 32, Hebamme)
56. Von Sex habe ich keine Ahnung. Ich bin verheiratet.
57. Es gibt zu viele Arschlöcher und zu wenig Kugeln. (Clint Eastwood)
58. Die Dosis macht das Gift.
59. Egal ob müde, hässlich oder reich, vor der Kaffeemaschine sind wir alle gleich.

60. Enttäuschung ist was Gutes. Es ist das Ende der Täuschung.
61. When nothing goes right. Go left.
62. So domm isch no koi Sau verreckt.
63. Nur ein satter Mann ist ein glücklicher Mann.
64. »Ich will endlich Motorrad fahren!« (Ruth, 66)
65. Wenns Arschl brummt, ist's Herzl gsund.
66. Wichtig ist, dass wir einander schätzen. Denn wir wissen nicht, wie lange wir einander haben.
67. Irgendwann ist man alt genug zu wissen, dass es Glück ist, einen zu treffen, den man so gern hat, dass er einen nie stört.
68. Eine gebrannte Mandel scheut das Feuer.
69. »Darf ich Ihren Stuhl nach vorne schieben?« (Gerhard, 54, steht auf Analverkehr)
70. Gänsefleisch ma da Gofferraum uffmachen. (Grenzbeamter, ehemalige DDR)
71. Masturbieren bricht dir niemals das Herz.
72. Steh zu ihr, egal was ist.
73. Nimm nicht das, was du kriegen kannst, sondern kämpfe um das, was du haben willst.
74. Schweigen kann manchmal die beste Antwort sein.
75. Manche Menschen sind so klug, die schauen selbst bei einer Glastüre durch das Schlüsselloch.
76. Wer tätowierte Menschen für asozial bezeichnet, hat keine Ahnung, was der Scheiß kostet.

77. Auf vieles im Leben gibt es keine Antwort, aber für vieles gibt es ein Gefühl.
78. Gut eingeseift ist halb rasiert.
79. Fehler zu machen ist menschlich. Fehler einzugestehen ist charakterlich stark.
80. Aufs »Hohe Ross« setzen sich meistens Leute, die nicht reiten können.
81. Kotzen ist eine Entscheidung aus dem Bauch heraus.
82. Stille Wasser sind nicht tief, sie haben nur keine Kohlensäure.
83. Ich wäre ein ernsthafter Mensch, wenn ich nicht so viel Unfug im Kopf hätte.
84. Eine tolle Erfindung, damit man bei Sturm und Regen nicht nass wird, nennt man Couch.
85. »Zuhause arbeiten ist scheiße.« (Pit,36, Feuerwehrmann)
86. Äußere Schönheit gefällt dem Auge, innere Schönheit fesselt das Herz.
87. Das Können kann man lernen, das Wollen musst du können.
88. Du bist nicht du, wenn du nicht du bist.
89. Geisterfahrer sind entgegenkommend.
90. Egal, wo man hingeht. Da ist man dann.

WAS NATÜRLICH BEI WEISHEITEN NIE FEHLEN DARF, SIND FUßBALLZITATE

»Ich habe nie an unserer Chancenlosigkeit gezweifelt.«
RICHARD GOLZ

Es war so ein wunderbarer Augenblick, als der Bundestrainer sagte: »Komm Stefan, zieh deine Sachen aus, jetzt geht's los!«
STEFFEN FREUND

»Die Sanitäter haben mir sofort eine Invasion gelegt.«
FRITZ WALTER

»Wir werden nur noch Einzelgespräche führen, damit sich keiner verletzt.«
FRANK PAGELSDORF

»Wir wollten in Bremen kein Gegentor kassieren, Das hat auch bis zum Gegentor ganz gut geklappt.«
THOMAS HÄSSLER

»Es ist wichtig, dass man 90 Minuten mit voller Konzentration an das nächste Spiel denkt.«
LOTHAR MATTHÄUS

»Ich habe ihn nur ganz leicht retuschiert.«
OLAF THON

»Da muss mal einer die Hand in das Heft nehmen.«
THOMAS HELMER

»Wenn man ein 0:2 kassiert, dann ist ein 1:1 nicht mehr möglich.«
ALEKSANDAR RISTIC

»Das nächste Spiel ist immer das nächste.«
MATTHIAS SAMMER

»Das habe ich ihm auch verbal gesagt.«
MARIO BASLER

»Das ist Schnee von morgen.«
JENS JEREMIES

»Das einzige, was sich nicht geändert hat, ist die Temperatur, es ist kälter geworden.«
GERHARD DELLING

»Alle hatten die Hosen voll, bei mir lief es recht flüssig.«
PAUL BREITNER

»I hope we have a little bit lucky.«
LOTHAR MATTHÄUS

Norwegen gegen Ghana: »Die Ghanaer spielen in gelben Stutzen«
GERD RUBENBAUER

»Die Holländer sind vorne vom Feinsten bestückt.«
OLIVER KAHN

»Ich habe gleich gemerkt, dass ist ein Druckschmerz, wenn man draufdrückt.«
LOTHAR MATTHÄUS

Als Thorsten Legat mal gefragt wurde, ob er Spätzle mag, antwortete er: »Nein, ich mag kein Geflügel.«

»Mailand oder Madrid, Hauptsache Italien.«
ANDREAS MÖLLER

»Vom Feeling her habe ich ein gutes Gefühl.«
ANDREAS MÖLLER

108

»*Aus Scheiße kannst du keine Bonbons machen.*«
HANSI KREISCHE

»*Es gibt nur eine Möglichkeit: Sieg, Niederlage oder Unentschieden.*«
FRANZ BECKENBAUER

Furcht führt zu Wut,
Wut führt zu Hass,
Hass führt zu unsäglichenm Leid.
YODA

Lass dich nicht runterziehen, es sei denn, du bist ein Slip. Sei wie eine Möwe … scheiß drauf.
NAIM JEROME ANTOINE SABANI

Magst du Frauenfußball ? Ich mag Frauen und ich mag Fußball
NAIM JEROME ANTOINE SABANI

Was ich unter »Haltung« verstehe.

7. REISEN

Meine erste Reise war mit dem Zug von Belgrad nach Stuttgart, als ich noch klein war. Ich habe nur noch die Erinnerung an einen Mann, der eine fette Scheibe Wurst mit Brot gegessen hat. Kein Wurstbrot – er hielt ein Brot in der rechten und die fette Wurstscheibe in der linken Hand (es war italienische Mortadella mit Pistazien). Dann biss er abwechselnd ins Brot und in die Wurst. Das fand ich ekelhaft. Das hat mich so traumatisiert, dass ich die italienische Mortadella nur noch hauchdünn essen kann.

Ich kann mich auch noch an meinen ersten Flug erinnern. Ich war 15 Jahre alt und flog damals mit meinem Fußballverein nach Mallorca zur dritten Halbzeit. (Das war das erste Mal, dass ich live eine nackte Frau gesehen habe.) Wie gesagt, es war mein erster Flug und ich war wahnsinnig aufgeregt und hatte total Schiss. Ich habe mich gefragt, warum unter den Sitzen eine Schwimmweste ist und kein Fallschirm? Neben mir saß eine nette alte Dame. Sie fragte dann die Stewardess: »Wie oft stürzt den ein Flugzeug ab?« Die Stewardess meinte: »Nur einmal!«, lächelte und ging weiter.

Mein Traum als Jugendlicher war, in die USA zu reisen. Meine Lieblingssendung war »Ein Colt für alle Fälle«, ich dachte, dass alle Mädchen so Klasse aussehen wie Jody Banks. Ein Typ von der Schule hatte gesagt, dass die amerikanischen Mädels total auf deutsche Jungs stehen, weil ihre Großeltern auch Deutsche sind und dass sie Deutsche lieben. Deswegen gab es für uns nur ein Ziel: Amerika. Der Flug ging von Frankfurt (dem richtigen Frankfurt) nach Miami. Mit dabei zwei Kumpels, die genauso dachten. Leichtes Spiel für die Checker vom Neckar. Dort angekommen war ich immer nur am Schwitzen. Es waren fast 40 Grad und die Luftfeuchtigkeit lag bei mindestens 150 Prozent. Ich war immer feucht. Wir hatten ein Appartment in Fort Myers bei einer alten Dame. Sie war vielleicht 80 Jahre alt, aber immer top geschminkt. Beim Frühstück fragten wir die Dame, wo denn hier was abgehe. Sie schrie dann nach ihrem Sohn Travis. Wir dachten, jetzt kommt ein typischer Surferboy. Was dann die Treppe herunterkam, war alles andere als relaxt. Es kam ein ca. 55-Jähriger Nerd mit kurzen Hosen über den Bauchnabel gezogen. Hawaiihemd reingestopft. Weiße Socken bis zum Knie in Jesussandalen.

Er meinte nur, dass er gehört habe, dass die Mädels da und da seien.

Total enttäuscht gingen wir an den Strand. Da haben wir dann Frauen getroffen. Sogenannte Snowbirds. Das sind ältere Senioren aus den kalten Regionen der USA, die in Florida überwintern wollen. Eine Dame, ca. 50 Jahre alt, war sehr interessiert an mir. Zuerst wollte ich nicht. Aber Scheiß drauf, die Zeiten waren hart und man nahm, was man kriegt. Das war meine erste Milf-Erfahrung. Wobei – die erste Milf-Erfahrung hatte ich mit 13. Da hatte ich ein Verhältnis mit Baywatch-Nixe Pamela Anderson … mit ihrem Poster.

Mein Kollege musste geschäftlich nach Peking. Es ging um eine Kochshow. Er sollte den Chinesen beibringen, wie man Spätzle macht. Er nahm ein Taxi vom Flughafen zum Hotel. Er fragte den Fahrer: »Wie ist das Wetter in Peking?« Dieser sagte dann auf Englisch: »Es kann warm sein, aber es kann auch kalt sein.« Er dachte sich: »Danke für nix, du Osterhase.« Er hatte noch Zeit und vergnügte sich mit einer Dame, die er im Hotel kennengelernt hatte. Sie hatte noch nie einen Weißen gedatet. Nach einem Essen und viel Sekt ging es aufs Hotelzimmer. Sie schrie beim Sex dann immer: »Couwa de Dong … Couwa de Dong!« Er dachte, dass hieße: »Sehr gut, Sehr gut!« Er war so happy und erhöhte noch seine Performance. Es war phänomenal.

Am nächsten Tag traf er sich mit seinem Geschäftspartner, der auch Deutsch sprach. Nach dem Geschäftsessen gingen sie zum Golfen. Der Geschäftspartner hatte auf einen Schlag eingelocht. Mein Kollege sagte dann auf chinesisch: »Couwa de Dong.« Der Geschäftspartner fragte dann verwundert: »Warum sagt du ›Falsches Loch‹?«

Der FC Bayern München ist meine Lieblingsfußballmannschaft.

2012 durfte ich beim Finale dahoam der Champions League in München mit dabei sein. Das Stadion war ausverkauft. Jeder Fußballfan hätte alles andere abgesagt, um hier dabei sein zu dürfen. (Ich habe sogar mitbekommen, dass Hochzeiten verschoben wurden bzw. dass man seine Braut zur Hochzeit anbot.) Es war ein tolles Wetter. Alles in der Stadt war rot-weiß geschmückt. Die Mädels in Dirndln. Es war großartig. Ich saß auf der Gegentribüne. Neben mir war ein Platz frei. Ich fragte in der Pause, warum der Platz frei sei? Der Mann meinte, dass hier seine Frau sitzen sollte, sie aber verstorben sei. Ich sagte: »Das tut mir sehr leid, aber hätte denn keiner von Ihren Bekannten den Platz einnehmen können?« Er sagte: »Eigentlich schon, aber die Bekannten sind alle bei der Beerdigung.«

2003 war ich mal wieder nach langer Zeit in New York. 1996 konnte ich noch Koks im Handgepäck mitnehmen. Aber seitdem hat sich einiges geändert. Mit arabischem Background war es ziemlich schlecht einzureisen.

Immer freundlich sein zu der Homeland Security, denn ein orangener Overall steht mir nicht.

In der Schlange wartend sagte der Officer: »Is naim your first name?« Ich sagte ja. Er sagte: »Follow me.« Mit dabei war meine Freundin Virginia Sergei. Sie konnte kein Englisch. Der Officer führte mich in einen kleinen Raum, wo er meinen Koffer durchsuchte. Er fragte: »Where are you from?« Ich sagte aus Deutschländ. Virginia fragte, was er fragte. Ich sagte, dass wir aus Deutschland seien. Dann fragte er: »From which City?« Ich sagte: »From Stuttgart.« Virginia fragte wieder, was er gesagt hatte. Ich antwortete, wo wir herkamen. Dann sagte der Officer: »Oh, I was in

Stuttgart, when I was a young soldier. In Stuttgart I had the worst sex of my life.« Virginia fragte: »Was hat er gesagt?« Ich sage zu Virginia: »Er kennt dich.«

In New York wollte ich mal wieder zur Wallstreet. Da steht ein großer bronzener Bulle, um ein Foto zu machen. Es waren sehr viele Chinesen, bei denen es Brauch ist, den Bullen die Eier zu streicheln. Das bringe Glück und ewiges Leben. Ich erlaubte mir dann einen kleinen Spaß und schrie: »You are getting big lucky, when you kiss the balls. Only when you kissed the balls.« Daraufhin knutschten alle Chinesen die Eier von dem Bullen und ließen sich dabei fotografieren. Es war hairlich.

Es gibt einen Riesenpark in New York. Den Central Park. Es ist eigentlich ein Naherholungsgebiet für alle New Yorker. Ich sah Jogger, Radfahrer und Familien, die einfach ihre Zeit im Freien genießen. Dann fuhr eine Gruppe Asiaten an mir vorbei. So, wie es aussah, waren es Touristen. Dann musste ich laut lachen, als ich eine mittelalte Frau mit Motorradhelm und Stützrädern sah.

Ich rief ihr laut zu: »Und jetzt freihändig!«

Ich spürte, wie die Stimmung kippte. Alle schauten mich verwundert an, als wäre ich der Komische in dieser Situation.

Das war mein größter Erfolg als Comedian da drüben.

Das ist halt mein Humor. Ich lache auch über Katzenvideos.

Gut, ich hatte ein bisschen Schiss, weil alle Asiaten Karate oder Kickboxen können.

In Philadelphia war ich mal in einem Starbucks Café. Ich weiß aber nicht, warum gerade dort der Hype um Kaffee so groß ist. Da gibt es alles Mögliche. Wenn du nur einen normalen Kaffee bestellst, wirst du die Mitarbeiter überfordern. Da gibt es Moccacino, Chailatte, Frappucino usw. Wenn man ankommt, muss man seinen Namen sagen, der wird dann auf den Becher geschrieben und dann kann man den Kaffeebecher abholen. Die Verkäuferin Wendy-Ashley (Frauen mit Doppelnamen sind mir immer suspekt) fragte mich: »Wie heißt du? Ich erlaube mir einen Scherz und sagte: »Adolf Kitzler« Sie: »Oh, like the Führer? Is he still alive?« Ich: »Hoffe nicht. Wir haben den Krieg verloren.« Wendy-Ashley: »Oh, das tut mir leid. Wir haben hier viele Neonazis, aber jetzt rede ich mit einem Real Nazi. Was willst du haben?« Ich: »Ich hätte gerne eine heiße Schokolade. Ihr habt Regular, Medium oder Grande. Was ist Grande für eine Einheit?« Wendy-Ashley: »Grande ist italienisch für diesen Kanal in Venedig.« Ich: »Dann kommt Venti von Ventilator?«

In New York wollte ich mal in die Sauna. Das Problem ist, dass man in den USA nur mit Badehose oder Bikini in die Sauna darf. In Las Vegas war ich mal in der Sauna, ging da locker flockig in die gemischte Schwitzhütte. Der Aufschrei war groß, dass ich nackt war. Das passiert mir nicht noch mal. Ging dann zu Macy's, dem größten Kaufhaus der Welt. Nach langem Suchen sah ich endlich eine Verkäuferin. Dazu muss ich sagen, dass mein Englisch not the jellow from the egg ist. »Hello madam, I search for a leila bath Trousers (Ich wollte eine Badehose in Lila) Lila heißt aber ›purple‹, was ich nicht wusste. Außerdem kann ich kein ›th‹ wie 98 Prozent der Deutschen. Somit sagte ich nicht Bath sondern Bad. Dann sagt man nicht bath trousers sondern swim shorts.

Sie verstand ›Leilah bad trousers‹. Sie überlegt und kam wieder mit einer Alladinhose. So ein hässliches Bauchtanzbeinkleid, das wahrscheinlich direkt aus dem Nachlass von MC Hammer war.

Ich sagte nur »Can't touch this«.

Das Teil ist so hässlich, dass es schon wieder cool war.

Ich habe diese Hose immer noch in meinem Schrank hängen.

Sie fragte mich, woher ich käme. Ich sagte: »Ich komme aus Deutschland und wohne in Stuttgart. Sie meinte: »Stuttgart kenne ich nicht. Ich kenne aber Stockholm. Ist das in der Nähe von Stuttgart?« Weil sie echt hübsch war, habe ich es verziehen, dass sie keine Ahnung hatte und spielte das Spiel mit.

»Ja klar. Kennst du dann unser Nationalgericht ›Köttbullar‹? Das gibt es überall in Stuttgart.« Klar, die Amis sind ja nicht grad die hellsten Leuchtröhren im Solarium. Die haben einen Präsidenten der Trump heißt. Ich sagte: »Ich finde euer Toronto auch wunderschön, da gefällt mir der Eifelturm so sehr …« Als ich daheim war, habe ich erst mal meinen Atlas in die Tonne gekloppt.

Natürlich bin ich dann auch zum Grand Canyon gefahren und wollte mir diese atemberaubende Schlucht mal anschauen. Um dort einen Ausflug zu machen, muss man sich bei einem Stamm der Navajo Indianer anmelden. Nach einem kurzen Real Talk meinte er: »Du kommst aus Germany. Ich habe mitbekommen, dass es Menschen gibt, die sich zu einer bestimmten Zeit als Indianer verkleiden? Stimmt das?« »Ja klar das nennt sich Fasching.« Eigentlich ist es geschmacklos und peinlich … aber ein Indianerkostüm ist ein Muschimagnet. Ich habe dem alten Indianer dann noch meinen Lieblingsindianer Witz erzählt.

Erster Schultag eines Kindes, das Enkel eines Indianerhäuptlings ist. Lehrerin: »Wie heißt du? Der Kleine sagt: »Ich heiße Schneller Reiter, der in der Prärie auf seinem Pferd galoppiert wie ein Blitz. Lehrerin: »Das ist aber ein langer Name. Wie nennen dich deine Eltern?« Kind: »BRRR«.

Er erzählte mir noch eine schöne Geschichte.

In jedem von uns tobt ein Kampf zwischen zwei Wölfen. Der eine Wolf ist böse. Er kämpft mit Neid, Eifersucht, Gier, Arroganz und Lügen. Der andere Wolf ist gut.

Er kämpft mit Liebe, Freude, Güte und Wahrheit. Ich frage ihn: »Und welcher gewinnt?«

Der alte Indianer sagte: »Der, den du fütterst.«

In Belgien gab es die besten Spaghetti.

Die Schokolade schmeckt mir jetzt auch nicht so besonders gut.

Ich bevorzuge die Schokolade mit der lila Kuh drauf.

Als ich noch ein junger Kerl war wollte ich unbedingt mal nach Monaco. Monte Carlo war, glaube ich, die sauberste Stadt in der ich jemals war. An dem Tag war irgendwie Nationalfeiertag und am Palace Princier sah man eine Flugshow mit Kampfjets, die extra mit Abgasstrahlen die Farben rot, weiß und blau in den Himmel malten. Zu meiner Freundin habe ich gesagt, dass ich das extra für sie organisiert habe.

Am Hafen sah ich ein sehr krudes Bild. Zwei wunderhübsche junge Frauen, die wirklich Models hätten sein können. Dann kam ein ganz kleiner alter, schrumpeliger Mann Typ Flavio Briatore aus der Kajüte. Seine haarigen Eier schauten aus seiner Badehose raus. Auf seinem Rücken wuchs schon Moos. Ich fragte mich Warum? Warum? Warum schaue ich immer noch da drauf? Es war ekelhaft und ich fragte mich, warum denn so hübsche junge Frauen auf so einen alten Stelzbock stehen. Ich hoffe, dass die Frauen wissen, dass man von alten Eiern Salmonellen bekommen kann.

120

Ich hatte mal einen Auftritt auf einem Kreuzfahrtschiff und ich machte den größten Fehler, den man auf dem Schiff machen konnte. Ich habe einen Witz über den Kapitän gemacht.

Vor meiner Show gab es eine Talkshow mit dem Kapitän.

Er hieß genauso wie der bekannteste deutsche Tennisspieler.

Er erzählte, dass er früher Containerschiffe gefahren ist, danach Kreuzfahrtschiffe. So weit so gut. Als ich auf der Bühne stand, erzählte ich, dass der Kapitän vorher alte Schachteln in der Gegend herumgefahren sei und jetzt als Kreuzfahrtkapitän … wo sei da der Unterschied?

Nur wer die Liebe kennt, weiß genau, wie Tripper brennt.

Lass uns in eine Geschichte aus dem Jahre 2016 eintauchen. Es war Juni und die Krankheit des Monats war Tripper.

Ich war 38 Jahre alt, aber untenrum wie neu.

Ich wollte nach einer Trennung meine innere Mitte wieder finden.

Da kam mir die Idee ein paar Wochen auf dem Jakobsweg zu laufen. Meine Freunde sagten immer »Pass auf deine Füße auf. Wenn du Blasen bekommst, ist die Reise vorbei. Pass auf deine Füße auf.« Ich habe sehr auf meine Füße aufgepasst. Die Füße waren okay, aber ich bekam trotzdem Tripper. Obwohl ich ein T-Shirt mit dem Aufdruck hatte »Ich stehe nicht auf Tripper.«

Bist du ein Flipper hast du keinen Tripper.

Bis dir die Pfeife kracht und zischt, dann hat es auch dich erwischt.

Was ist eine Blondine mit einem Tripper? Eine Verteilerdose.

Ist Tripper eigentlich ein Nagelpilz?

Eine Frau fragte mich, ob man sich auf einer öffentlichen Toilette eine Geschlechtskrankheit holen könnte. Ich sagte: »Das ist schon möglich, aber warum so umständlich?«

Da ich alleine unterwegs war, hab ich mir ein Pfefferspray erstellt. Dazu habe ich bunte Pfefferkörner mit Chili gemahlen und mit abgestandenem Klobürstenwasser gemixt. Ein wahres Teufelszeug für einen Teufelskerl auf dem Camino nach Santiago de Compostela. Keiner konnte mir was antun. Ich war gewappnet.

Ich bin mit einer alten 501 von Sarria gestartet. Wenn ich nach den Tagesmärschen in den kirchlichen bzw. staatlichen oder privaten Albergue de Peregrinos (Pilgerherbergen) angekommen war, gab es ein Ritual. Nach dem Duschen habe ich dann immer ein Stück von meiner Jeans abgeschnitten. Erst 7/8 dann 3/4 usw.

In Santiago de Compostela trug ich dann eine Hot Hot Pant .

Früh am Morgen bin ich aufgewacht. Mein Zimmernachbar Carlos machte sich frisch. Ich hatte noch wahnsinnigen Muskelkater von meinem gestrigen 30-Kilometer-Lauf. Wollte noch ein bisschen schlafen, aber bei dem Trubel ging das nicht. Bei Muskelkater sollte man sowieso gegen den Schmerz angehen mit Training. Also entschloss ich mich, mit Carlos einen Tag zu laufen. Carlos erzählte mir, dass er aus Madrid komme, kein Auto habe und brauche. (Gut bei dem Namen ist es nicht verwunderlich). Bei dem Teilstück geht es 30 Kilometer durch die Pampa ohne Läden und Restaurants. Das heißt, wir müssen komplett durchlaufen. Nach einem kurzen Regenschauer kommen wir in eine verlassene kleine Einöde. Irgendwann kommt uns ein Paar grauer Wölfe entgegen. Und wie Ihr alle wisst, sind die grauen Wölfe die Gefährlichsten. Das Wolfsrudel trennte sich. Vier standen links und fünf Wölfe standen rechts am Weg. Wir mussten da hindurch. Ich hatte meine Jack Wolfskin Jacke an und ich dachte, ich würde auch keinen angreifen der eine Jacke aus Menschenhaut trägt. Ich lief an den Wölfen vorbei und habe noch schnell mein Revier markiert. Es ist nichts passiert. Die Wölfe ließen mich in Ruhe. Dann lief Carlos durch Rudel. Carlos war am ganzen Körper behaart wie ein Affe. Beim Vorbeilaufen berührte er einen Wolf mit seinen Beinhaaren. So wie es aussieht war das der Chef der Wölfe (Deswegen rasiere ich meine Beine immer). Der drehte sich um und stand im 90 Grad Winkel zu den anderen. Das war das Zeichen, dass die anderen grauen Wölfe ihn zerfleischen durften. Ich lief weiter und war total geschockt. Aber ich denke, er hätte einfach kein Rotkäppchen-Kostüm tragen sollen. Ich dachte, dass die

Wölfe ihn nicht angreifen würden, weil er durch seine Behaarung eher zu ihrer Gang gehört.

Eine schöne Reise hatte ich mal in Italien in Rom. Es war wunderschon. Es war schön warm. Schöne gutgelaunte Menschen.

Espresso und Gelato. Was will man mehr. Nach meiner Tour im Vatikan kam ich an den Trevi Brunnen. Ich denke, dass das der bekannteste Brunnen der Welt ist. Alle Menschen werfen sich über ihre Schulter eine Geldmünze rein und wünschen sich was. Da kommt eine wahnsinnige Geldsumme zusammen. Etwa 3000 Euro pro Tag. Was mich sehr irritiert ist nicht, dass das Geld für wohltätige Zwecke gespendet wird, sondern was mich fertig macht ist, dass ein Brunnen mehr verdient als ich.

In Las Vegas gibt es einen Spruch: Was in Vegas passiert, bleibt in Vegas.

Wir machten einen Junggesellenabschied in Las Vegas à la Hangover. Es war fantastisch. Casino, Lichter und Glanz.

Relaxte Menschen die einfach eine gute Zeit haben wollen.

Ein Spaß für die ganze Familie. Unserem Hotel war das Venetian, dessen Gestaltung an Venedig angelehnt wurde, mit blauem Himmel und Canale Grande. Es waren viele Stars da: Snoop Dogg machte morgens in unserem Hotel eine Pool Party. David Guetta machte abends im Club

Stimmung. Joe Montana, der Franz Beckenbauer des American Football kam zur Autogramm Stunde.

Man musste in dem Sportladen was kaufen und Joe Montana hat es dann unterschrieben. Es gab Helme, Trikots und Postkarten.

Ich habe gefragt was eine Postkarte kostet. Der Verkäufer sagte, dass die Karte 1,99 kostet. Ich habe 2 genommen und ging an die Kasse. Der Verkäufer sagte »Threeninetyeight« Ich legte 4 Dollar auf die Theke. Er lachte und meinte: «398 Dollars, my friend."

Ich schrie: «What??? For two postcards? Er sagte: «But with the autograph from Joe Montana." Ich sagte dann kleinlaut: »Sorry, but i am a Student. I have not so much money. My mother give me only milkmoney for school.« Ich ging ohne Autogramm aus dem Laden und versuchte Ihn aus dem Schaufenster zu fotografieren.

Nachdem Hans in Thailand einen Ladyboy abgeschleppt hatte, schrie er immer »Es ist ein Junge. Es ist ein Junge!«

Seitdem ist er sehr vorsichtig geworden. Er wollte dann immer: »Ohne Speck und Eier.«

Der Brocken im Harz stand immer schon auf meiner To Do Liste.

Über eine Landstraße von Göttingen fuhr ich in Richtung Brocken.

Meine Freundin wollte noch ein Getränk kaufen. Ich wusste auch nicht, wo ich mich befand. Ich wusste nur das der Brocken sowohl im Westen als auch im Osten Deutschlands liegt. Zwischen Niedersachsen und Sachsen-Anhalt. Ich war in einem kleinen nichtssagendem Ort Schierke. Da gab es einen kleinen Supermarkt. Meine Freundin und ich holten uns ein paar Getränke. An der Kasse fragte ich die Dame, »Entschuldigen Sie bitte, in welchem Land (Bundesland) sind wir jetzt?«

Da schaut mich die Kassiererin mit ganz großen Augen an und sagt: »NA IN DEUTSCHLAND.« Eigentlich hätte ich selbst drauf kommen können, dass wir nicht mehr im Westen waren. Alleine die Frisuren hätten mich drauf bringen müssen.

Dupli Color. Diese Frisuren sind Standard bei Ostfriseuren. Das war schon seit der Wende und immer noch topmodern, also im Osten. Nacken und Seiten sind immer schwarz gefärbt und der Oberkopf entweder blond oder rot gefärbt. Immer diese Kombi. Wenn ich eine Dame mit Dupli Color sehe, weiß ich ganz genau dass es sich um eine Mandy oder Sandy aus dem Osten handelt.

In meinem Andalusienurlaub bin ich in Marbella in ein tolles spanisches Restaurant zum Abendessen gegangen.

Da gab es immer frische andalusische Spezialitäten.

Einmal sah ich am Nachbartisch was fantastisches zum Essen. Ich sage zum Wirt: »Was ist das? Kann ich so was auch haben?«

Der Wirt sagte: »Ja klar, das sind Stierhoden. Komm nächsten Sonntag abend zu mir, an dem Tag ist Stierkampf.« Ich freute mich schon drauf. Als ich dann eine Woche später in das Restaurant kam, freute sich der Wirt und brachte mir einen Teller der besonderen Speise. Ich schau mir den Teller an und sage: »Komisch, bei meinem Tischnachbarn sah alles viel besser und größer aus.« Dann sagte der Wirt: »Ja klar, aber heute hat der Stier gewonnen.«

Letztens bin ich mit meinem brasilianischen Kumpel das erste Mal von Stuttgart nach Köln mit dem ICE gefahren. Er kann ein paar Brocken deutsch und fiel gleich auf den einfachsten Schaffnertrick rein. Als der Schaffner durch das Abteil lief und rief: »Ist noch jemand zugestiegen?« – da meldet sich der Trottel. Wie kann man den auf so einen einfachen Trick reinfallen?

Im Osten Deutschlands werden immer mehr Wölfe gesichtet und beunruhigen die Menschen dort.

Daher wurden einige Einwohner im näheren Umfeld des Wolfes befragt, was sie von der Rückkehr des Wolfes halten würden:

Roland, 58, Landwirt, sagte: »Ja, gestern wurden wieder zwei Schafe aus meiner Herde gerissen.

Reporter: »Das ist schlimm, oder?«

Roland: »Klar, ist das nicht schön. Ein Wolf reißt nun mal Schafe. Was soll er denn sonst machen? Eine Tischdecke häkeln?

Mandy, 28, Verkäuferin: Als Wurstwarenfachverkäuferin finde ich den Wolf gefährlich, da er viel Fleisch frisst und ich somit arbeitslos werden könnte …

Solche Menschen dürfen sich vermehren und wählen.

Wenn mir im Urlaub langweilig ist, schaue ich gern aus dem Fenster und beobachte Vögel … Ein Star war's

Oder was ich noch mache, wenn ich im Urlaub nichts auf dem Zettel habe? Ich gehe zu den Kirchen. Warte, bis das Brautpaar rauskommt und schreie dann zur Braut: »Ich werde dich trotzdem immer lieben!«

Ich find's lustig, die zwei werden dich niemals vergessen.

Ich mag keine Hochzeiten. Ich mag Scheiden.

Ich war mal auf Schloss Windsor. da habe ich Queen Elisabeth gesehen. Es war wirklich ein erhabener Moment. Sie lief auf einem Fliesenboden mit schwarz-weiss karierten Muster wie in einem amerikanischen Diner üblich. Dann stoppte sie. Ich hab dann gewartet und geschaut, wo sie hinläuft. Das war echt ein witziges Bild. Sie sah aus wie Schachfigur auf einem Schachbrett. Sie ist die stärkste Figur beim Schachspiel und dann dachte ich mir die Queen bzw. Dame darf überall hin. Hahahaha!

Ich habe ein Snickers gegessen.
Ich bin immer noch eine Diva die Hunger hat.

One torte a day keeps the ... therapeut away!

8. COMEDY

Als Conférencier habe ich immer Modeproklamationen und Frisurenshows für die Innungen moderiert. Ich war als Vorstand für das Herrenfach zuständig. Zuerst habe ich auf der Bühne Models frisiert, später auch moderiert.

Nach einer Show kam jemand auf mich zu und sagte, dass ich bestens für Stand-up-Comedy geeignet wäre. Es gäbe da eine Open-Mic-Show, wo jeder mal auftreten könne, der sich für talentiert halte. Eigentlich wollte ich nicht, aber dann packte mich der Ehrgeiz und ich wollte es doch probieren.

Ich war gleich als erster dran. Ich war natürlich sehr aufgeregt. Ale Vorbereitung hatte ich einfach ein paar jugendfreie Witze aufgeschrieben und auswendig gelernt. Dazu hatte ich einen Pelzmantel an, weil mein Buddy meinte, dass käme gut, wenn ich den ablege.

Dann wurde ich angekündigt. Ich kam auf die Bühne. Es war dunkel, bloß ein Scheinwerfer strahlte mir direkt ins Gesicht, sodass ich niemand sehen konnte. Während ich am Erzählen bin, kommt keine Reaktion. Kein Gelächter. Es war grausam. Es war die Hölle. Es fühlte sich an, als wäre ich schon zwei Stunden auf der Bühne. Dann zum Abschluss wollte ich noch Tanzen. Die Musik begann, aber ich war wie gelähmt und ging von der Bühne ohne Applaus. Es war so schlimm, dass ich ein Jahr nichts mehr gemacht habe.

Irgendwann wollte ich es aber nochmal wissen ... und

ich wollte es allen zeigen. Ich wollte so werden wie mein großes Vorbild Peter Alexander.

Als ich dann mehrere Auftritte gemacht hatte, erging es mir so ähnlich wie dem Jungen von ›Sixth Sense‹ »Ich sehe komische Menschen.«

Spektakulär war auch mal ein Auftritt im Frauenknast. Ich bin mir vorgekommen wie Brad Pitt. Nach dem Auftritt darf das obligatorische »Kommt gut nach Hause!« auch gerne weggelassen werden.

Eine junge Frau hat mir ihre Geschichte erzählt, dass sie gerne ein Kind hätte. Da sie lesbisch ist, wollte sie eine künstliche Befruchtung. Da sie aber auch kein Geld hatte, wollte sie es auf die Ghetto Art machen. Ihr Bruder würde sich zur Verfügung stellen und ihre Freundin bumsen. Sie will aber währenddessen bei der Freundin Händchen halten und dabei aber ihre Augen schließen, weil sie ihren Bruder nicht nackt sehen will. Somit hätte der Bruder zwei Fliegen mit einer Klappe geschlagen. Er ist dann nicht nur Onkel, sondern gleichzeitig auch Vater.

Ich hab eine neue Freundin. Von Tuten hat sie keine Ahnung. Ich werde sie aber nicht heiraten. Anscheinend geht das Sexleben kaputt, wenn man verheiratet ist. Die Verheirateten wissen, wovon ich spreche.

Was ein bisschen nervt ist, dass viele Leute denken, dass man als Comedian immer gleich einen Witz erzählen müsse. Was – du bist Comedian? Erzähl doch mal einen Witz. Ich sage ja auch nicht: »Was – du bist Bäcker? Back doch mal ein Brot!

Es gibt auch Leute, die erzählen mir Witze, die ich dann in meine Show packen soll. Mein Neffe ist vier Jahre alt hat mir folgenden Witz erzählt: Eine Fee schenkt drei Leuten einen Kindheitstraum. Sie dürfen sich aussuchen, was im Pool für sie drin sein soll, in den sie springen wollen. Der Amerikaner schreit: »Cola!«, und springt in den Pool mit Cola. Der Deutsche schreit »Bier!« und springt ins Bier. Der Franzose wollte eigentlich Wein haben, rutschte aber aus und schrie »Merde!«.

Mit der Comedy wollte ich schon immer reich werden.
Zur Million fehlen mir jetzt noch 1,4 Millionen.

Umberto klingelt an der Türe. Mutter macht Türe auf: »Guten Tag, ich bin Umberto. Ich bin hier, um ihre Tochter zu vögeln?«

Mutter: »Um was????« Sagt er: »Um Berto!«

Liegt eine Frau im Sterbebett und sagt zu ihrem Mann: »Du wirst dich umgucken, wenn ich sterbe.« Sagt der Mann: »Stirb du ruhig, umgekuckt hab ich mich schon.«

Um meine Show ein bisschen aufzupeppen, hatte ich immer eine Stripperin dabei. Irgendwann war meine Freundin dagegen. Sie wollte es einfach nicht mehr machen.

An der Türe: »Wollen Sie Zeuge Jehovas werden?« Die Hausfrau antwortet: »Aber ich habe den Unfall doch gar nicht gesehen!«

Ich war sehr traurig, als Michael Jackson gestorben ist. Meine Kumpels sagten, ich solle es nicht so schwernehmen. Sie wollten mich aufmuntern und meinten, dass jeden Tag Hunderte von Schwarzen sterben. Ja, ich weiß, aber die machen leider nicht so geile Musik.

Bei dem Film ›12 Years a Slave‹ machten mir auch zu viele Schwarze mit. Als Jugendlicher fand ich Schwarze Menschen sehr cool.

Wenn eine Frau dich liebt und sich dann von dir trennt. Dann ist es so. Sie ist nicht Whitney Houston (I will always love you).

Da gibt es den Gag mit dem Arbeitslosen: »Er arbeitet wieder.«

In einem Café fragt ein Mann, warum sie denn in der Stadt ist. Sie sagte, dass sie an einem Nymphomaninnen-Kongress teilnimmt. Der Mann fragt: »Wirklich? Was macht man denn da?« Die Frau antwortet: »Wir haben immer ein anderes Thema. Heute behandeln wir die These, dass

Indianer am ausdauerndsten sind und die Schwaben den Längsten haben.« Daraufhin steht der Mann auf und sagt: »Darf ich mich vorstellen, ich heiße Winnetou Häberle.«

Bei der Comedy sind viele Dinge wichtig. Aber Selbsterhaltung auf der Bühne ist nur durch Dissoziation möglich. Humor ist eine gute Bewältigungsstrategie in allen Lebenslagen.

Das Lampenfieber darf man nie unterschätzen. Egal ob Lady Gaga, Adele, Katy Perry oder Peter Alexander – viele Prominente leiden darunter. Bei Nathan Morris von Boyz II Men war es so schlimm, dass er nicht mehr singen konnte. Er wurde sogar Äkophob (Angst vor Frauen.) Er konnte nie wieder mit einer Frau sprechen geschweige denn klar machen.

Ich hatte mal einen Auftritt bei einer Faschingsveranstaltung: Ich war praktisch die Vorband von Nico Schwanz. Ein sehr netter Typ, der mal Mister Germany war und schon bei ein paar Realitysendungen mitgewirkt hatte. Ich selbst kannte ihn vorher nicht. Den Backstage-Bereich mussten wir uns damals zu dritt teilen. Da hing ein Zettel mit den Namen der Künstler und was jeder so macht. Das sah dann so aus:

Marianne Müller Jonglage
Naim Jerome Comedian
Nico SchwanzEntertainer

Da ich den Nico nicht kannte habe ich mich die ganze Zeit gefragt: »Was ist Schwanzentertainer und was macht er?« Ich dachte, er stapelt sich Coladosen auf das Gemächt. Ich war ja noch sehr neu in der Unterhaltungsbranche und kannte mich noch nicht aus … Ich wäre nie darauf gekommen, dass sich um einen Schreibfehler handelte, weil sein Name und seine Kunstperformance zusammengeschrieben worden waren.

Manchmal gibt es Tage auf der Bühne, die schwierig sind, weil Leute im Publikum reinrufen (sogenannte ›Heckler‹). Gerade bei jungen und unerfahrenen Künstlern ist es sehr schwer, dagegen anzukommen, vor allem, wenn derjenige sogar betrunken ist.

Meistens hat es genügt, wenn einer reingerufen hat, dass ich sage: »Ich habe die NULL gewählt. Warum meldest du dich?«

Wenn es weiterging, habe ich dann gesagt: »Da gibt es ein Lied, das geht so: ›Ich halte das Mikro und du hältst das Maul‹.« Wenn die Person immer noch laut war, machte die Security den Rest und entfernt diese.

Mit den Comedy-Auftritten kann man natürlich auch Geld verdienen. Ich habe das geschafft: Ich habe einen Pool im Garten! Es ist so ein Pool zum Aufblasen. Läuft bei mir.

Ich hatte mal einen Auftritt im Altersheim mit vielen Invaliden aus Kriegszeiten. In der ersten Reihe saßen lauter

Glatzköpfe. Dahinter viele Senioren mit einem Arm. Ich fragte mich am Anfang, warum die Einteilung so war. Als geklatscht wurde, haben die Einarmigen auf den Glatzen getätschelt. Tolle Idee!

Magier: »Ich kann alles verschwinden lassen:«
   Thomas: »Auch meinen Tee?
   Magier: »Simsalabim!«
   homas: »Häää? Hallo, mein Tee ist immer noch da!«

Ein Kollege jammerte mal: »Zwei zu eins! Zwei zu eins!«
   »Was hast du denn? Warum sagst du immer ‚zwei zu eins?‘«
   »Ich habe mein Heimspiel bei meiner Frau verloren. Wir hatten Sex. Jeder ist gekommen, also eins zu eins. Aber dann wollte sie nochmal und ich konnte nicht mehr.« Dann jammerte er weiter.
   Eine Woche später war er sehr glücklich und sang immer wieder: »Vier zu eins, vier zu eins!« Ich fragte ihn, was das zu bedeuten hätte.
   Er sagte freudestrahlend: »Heute hatte ich ein Auswärtsspiel!«

Eine Frau will sich von einer Brücke stürzen.
   Ein Obdachloser sieht das und fragt: »Warum wollen Sie Ihr Leben beenden?« Die Frau sagt: »Ich bin fremdgegangen und jetzt hat sich mein Mann von mir getrennt. Das Leben hat für mich keinen Sinn mehr.« Der Obdach-

lose sagt zur Dame: »Würden Sie, bevor Sie runterspringen, mit mir vögeln, Madame?« Die Frau sagt: »Nein, niemals, das ist ja ekelhaft.« Daraufhin sagt der Obdachlose: »Okay, ich warte dann unten auf sie.«

Gags um die Leute bzw. das Publikum zu animieren:
»Guten Tag, der Herr, haben Sie ein Taschentuch? Ja? Dann benutzen Sie es. Sie haben da was an der Nase hängen. Bitte nicht schnäuzen, sondern ziehen.«
Das ist die Auster des kleinen Mannes.

>»Schönes Hemd haben Sie da an. Wenn es in Mode kommt, haben Sie es schon.«*

Wenn man viel auf Tour ist, fehlt den Künstlern immer die Liebe und Geborgenheit.

Weibliche Comedians sind witzig, humorvoll und leicht flachzulegen.
Prostituierte sind teuer … das weiß jeder. Als Alternative nimmt man Comediennes. Weibliche Comedians sind leicht flach zu legen.

Hab mal einen schwulen Kollegen gefragt, ob er sich die Beine rasiert. Er meinte nur: »Nein, das sieht schwul aus.«
Vor allem, wenn man sich die Beine rasiert. Bis wohin wird eigentlich rasiert? Bis zum Knie oder bis zur Muschi?

Heutzutage kann man überall hinfahren. Es wird auch schon bald Reisen zum Mars geben.

Da fällt mir die Geschichte von dem Astronauten Neil Armstrong ein. (Neil Armstrong ist der Bruder von dem Tour de France Gewinner Lance Armstrong. Doch sie sind Brüder. Es sind halt »Brother from another Mother«. Bei Frauen würde man sagen »Sister from another Mister«.)

Als er auf der Leiter von der Raumkapsel in Richtung Mondoberfläche runterstieg, sagte er den weltberühmten Spruch »Ein kleiner Schritt für mich und ein großer Schritt für die Menschheit.« Das kennt jeder, aber es gab eine kleine Funkstörung und er sagte noch folgendes dazu: »Viel Spaß, Mr. Miller.«

Als er ein kleines Kind war spielte er Football im Garten. Dann flog der Ball zu den Millers in den Garten. Der Ball lag vor dem geöffneten Schlafzimmerfenster. Als er hinlief, hörte er, dass Frau Miller ihren Mann anschrie: »Was? Du willst Oralsex? Eher friert die Hölle zu. Du bekommst niemals Oralsex … Du bekommst erst Oralsex, wenn unser Nachbarsjunge Neil auf dem Mond landet!«

Ein Mann hatte Karten für das Champions League-Finale in Paris. Er hatte aber gemerkt, dass er an dem Tag eigentlich heiraten muss. Dann gab er eine Anzeige auf: »Wer will am Samstag heiraten? Irgendjemand?«

Top 6 der meistgestreamten Künstler in Deutschland:

- Capital Bra
- RAF Camora
- Mastu
- Bonez MC
- Rivian R1
- Apache 207

Wenn du nicht bemerkt hast, dass eine Hämorrhoiden-Salbe und ein Elektroauto dazwischen sind, dann ist alles okay bei dir.

Dumme Menschen sagen immer nein. Frage: »Bist du dumm?«

So wie es aussieht, gibt es nur eine Waldfee, die »Holla« heißt.

Wenn du bei Ikea bist, und eine Kundin vor dir fragt:
»Passt das Möbelstück mit der Verpackung in mein Auto?«
Ikea-Mitarbeiter: »Was haben Sie denn für ein Auto?«
Die Dame antwortet: »Ein Blaues.«
Ikea-Mitarbeiter: Ja, da passt es nicht rein.«
Ist Ikea nicht der Hotdog-Stand mit der Lagerhalle hinten dran?

Eine Assi-Frau ist im Spieleparadies mit ihren Kindern.
Die Kinder sind sehr rabiat und benehmen sich unmöglich.

Eine Ikea-Mitarbeiterin sagt zu der Mutter: »Ach, wie nett ihre Zwillinge doch sind!«

Darauf die Mutter ungehalten: »Sind Sie denn total bescheuert? Man sieht doch, dass das keine Zwillinge sind. Der eine ist 6 und der andere ist 3 Jahre alt, Sie blöde Kuh!«

Die IkeaMitarbeiterin sagt ganz souverän: »Ich sehe schon, dass sie unterschiedlich alt sind. Ich wollte nur nett sein. Ich hab mich halt gefragt: ,Wer will Sie denn zweimal bumsen?'«

Putzlappen? Hab ich.
Putzmittel? Hab ich.
Wischmop? Hab ich.
Lust zum Putzen?
Ich wusste doch, dass da noch was fehlt.

Zwei Kloschüsseln auf einer Damentoilette.
Sagt die eine Kloschüssel zur anderen: »Du siehst beschissen aus.«

Falls du nicht weißt, wer die schönste Person der Welt ist, lies das zweite Wort nochmal, und dann das dritte auch.

Auf Arte kommt eine Doku über den Zusammenbruch der Sonne in 5 Milliarden Jahren. Ich finde das gut, dass wir vorbereitet werden. Nicht, das wir sonntags mit den Verwandten bei Kaffee und Kuchen sitzen und denken …

Shizzle, Alter, was geht denn jetzt ab?

Bei gewissen Fragen wäre ich gerne ein Ei. Weil Ei rät nicht. Eiweiß.

Notizen

*Mein Lieblingsheld: sein Anzug ist rot,
damit die Bösen nicht sehen, wenn er blutet.*

9. TV SHOWS

Natürlich kommst du als Comedian nicht um gewisse Fernsehformate drumherum.

Ich habe immer viel Fernsehen geschaut. Ich liebe Reality-TV.

Die Dschungelshow, Big Brother, Schwiegertochter gesucht – ein Comedian kann sich da wirklich viel inspirieren lassen.

Letztens habe ich eine Doku über Donald Trump geschaut. In der Werbung habe ich umgeschaltet auf eine Doku mit Kim Kardashian. Wieder umgeschaltet auf Donald Trump. Dann wieder umgeschaltet auf Kim Kardashian und dann wieder auf Donald Trump. Ich dachte mir: »Was für ein Arsch!«

Ich liebe Sport. Am liebsten schaue ich Sport, besonders gerne Frauenbeachvolleyball.

Mein Augenarzt meinte mal: »Du sollst nur die schönen Dinge sehen.« Das mache ich jetzt. Aber ich bin auf dem Sofa eingeschlafen. Bin dann aufgewacht, als eine Dauerwerbung lief. Junge Frauen riefen mir zu: »RUF MICH AN, RUF MICH AN!« Wahrscheinlich waren die Mädels sehr arm, denn sie hatten fast keine Klamotten an. So arm waren sie! Ich habe aus Mitleid angerufen, dann meinte eine junge Dame: »Ich mache alles was du willst!« Ich sagte: »Okay, RUF ZURÜCK!«

Ich fand damals den Film »Ghost – Nachricht von Sam« echt gut.

Die Töpferszene fand ich sehr erregend.

Habe mich dann auch bei einem Töpferkurs angemeldet.

Da bin ich dann aber rausgeflogen, weil ich mich im Ton vergriffen habe.

Total trendy sind Akronyme. Alles wird abgekürzt.

«Game of Thrones" heißt GOT, «Germanys Next Topmodel" GNTM. Deswegen traue ich mich nie, meine Lieblingssendung zu nennen: Es ist: »Alles nur aus Liebe«.

Meine ersten Auftritt in einer TV-Comedy Show werde ich nie vergessen. Ich war als Newcomer eingeladen. Mit dabei waren z.B. Dave Davis, Bastian Bielendörfer, Abdelkarim und Markus Krebs. Wir wurden immer vom Hotel zum Produktionsort gefahren. Dann war ich gerade beim Essen und trank einen Wein dazu, als mich Markus Krebs fragte, ob ich auch schon fertig sei. Ich fragte: »Warum?« Er sagte: »Du musst doch fahren.« Er hat wirklich gedacht, dass ich der Shuttlefahrer bin.

*Mit solchen Lippen kannst du
jederzeit schwimmen gehen.*

10. MODE-POLIZEI

Seit ich Friseur bin, setze ich mich gerne auch für die Mode ein. Man kann sagen, dass ich der Sheriff der Mode bin. Ich habe ein tolles Gespür für Formen und Farbe. Es ist wie ein siebter Sinn für Mode, und verstehe nicht, wie sich Menschen freiwillig hässlich machen.

7/8-Hosen bei Männern: Was stimmt bei euch nicht?
Genauso wie Hotpants bei Männern: Keiner will so was sehen.

Was ist das eigentlich mit den High Waist Hosen? Wenn ich Frauen in solchen Hosen sehe, denke ich immer an Asterix. Mädels – das ist nicht schön. Ihr seht aus wie eine Currywurst, die in den Darm gepresst wurde.

Was ich gerne anziehe sind Jogginghosen. Also nicht beim Sport – sondern auch in meiner Freizeit. Die ultimative Steigerung zu der Jogginghose ist der Onesie bzw. Onepiece. Das ist ein Overall, ein Jogginganzug am Stück. Ich liebe diese Strampler für Erwachsene.

Da gibt es das Märchen, dass Frauen gerne Jogginghosen tragen. Sind das Frauen, die Call of Duty zocken und Bier saufen? Wer eine Frau in Jogginghosen nicht liebt, hat sie in einem Brautkleid nicht verdient.

Dann lieber doch keine Jogginghose? An nackten Frauen schätzen Männer ja am meisten den wundervollen Charakter und die starke Persönlichkeit …

Warum steht eigentlich auf einer Jogginghose oder Leggins nie eine Gewichtsangabe wie bei einem Fahrstuhl? Es würde uns viel Augenleid ersparen. Leggins gibt es nicht in einer Einheitsgröße. Viele denken aber, dass dem so sei.

Modeschöpfer Karl Lagerfeld sagte: »Solange wir Fleisch essen, dürfen wir uns nicht über Pelze beschweren.« Ich denke, dass die Jogginghose der Pelz der Freiheit ist.

Man sollte eine Jogginghose tragen wie ein Boss. Das würde wirklich von Selbstbewusstsein zeugen, wenn man mit einer Jogginghose zum Vorstellungsgespräch gehen würde. Entweder sieht der Personalchef die Jogginghose als Endgegner oder er sieht dich als Held.

Karl Lagerfeld sieht es anders: »Die Jogginghose ist eine Zeichen der Niederlage. Wer Jogginghosen trägt, hat die Kontrolle über sein Leben verloren.«

Warum haben hauptsächlich Mädels so hässliche Brillen auf? Ich denke dann immer: »Kommt ihr grad mit der Zeitmaschine aus den 80ern?« Die waren damals schon hässlich. Aber es gab da auch nichts anderes.

Auf der Friseurmesse in London sah ich viele japanische Frauen, die falsche Wimpern aufgeklebt hatten. Außerdem waren Brillen gerade im Trend – also hatten viele eine Brille auf. Da die Wimpern aber sehr lang waren, haben die Wimpernlashes an den Brillengläsern angestossen – also hat man einfach die Gläser aus den Brillen entfernt. Somit hatten die Brillen auf, an denen die Wimpern über die Brille geschaut haben. Sehr spooky.

Solange sich Kate Beckinsale und Sandra Bullock ein Serum aus Babyvorhaut in die Fresse schmieren, ist vieles im Argen.

Dicker Schal und knöchelfrei ist das neue Arschgeweih.

Frauen wollen gerade alles in klein. Kleine Hunde, kleine Handtaschen, Kleine Brillen und kleine Penisse.
Ich glaube jetzt kommt meine Zeit.

Ihr Gesicht sieht so aus als hätten Sie darin geschlafen.
Wenn man aus schimmeligem Brot Penicilin machen kann, dann kann man auch noch was aus dir machen.
Sie würden toll aussehen in was Fließendem … zum beispiel Rhein, Mosel, Elbe.
Sie sehen so aus, wie wenn sie keine alte Klamotten wegwerfen. Aber falls sie welche wegwerfen … lassen sie diese dabei an.

Klamotten sagen nichts über den Charakter aus. Unter zerschlissener Kleidung kann sich ein Herz aus Gold befinden und in einem Designeranzug kann ein Arschloch stecken.

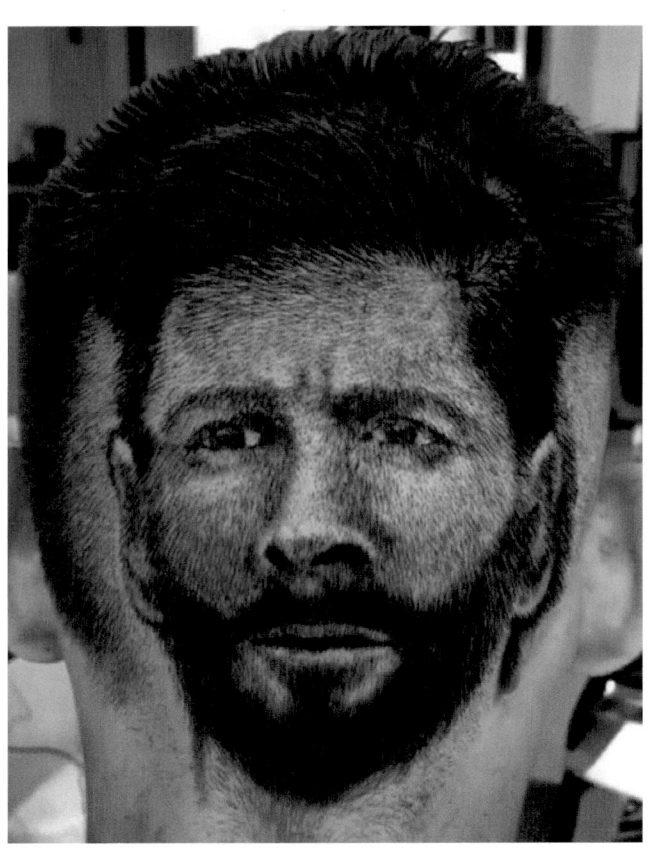

Meine Freunde sagen immer,
dass ich ein semiguter Friseur bin.

Als Twix noch Raider hieß.

11. FETISCH

Als Friseur kommst du mit Menschen jeder Couleur in Verbindung.

Vom Millionär bis zum Sozialhilfeempfänger. Vom Professor bis zum Kindergartenkind.

Ich bin ja aus der Backnanger Lederszene. Hört sich interessant an, aber die Stadt Backnang war früher eine Gerberhochburg.

Es gibt Frauen, die wollen immer nur in Nylonumhängen bedient werden, weil sie schön knistern.

Manche Frauen haben es gerne, wenn ich beim Haarewaschen auch ihre Gesichter einshampooniere.

Einige haben eine Windel an. Manche sogar eine Gummihose. Sie pinkeln sich während des Haareschneidens in die Hose.

Eine illegale Fetischparty mit 500 Personen, die Pferde- und Hundemasken aufhatten, wurde von der Polizei aufgelöst. Zu der Zeit galt eine Kontaktbeschränkung wegen Corona. Eine Dame meinte: »Warum dürfen wir nicht weiter feiern, wir haben doch alle Masken auf?«

Meine neue Unterwäsche kratzt so. Ja, das muss Reizwäsche sein.

Ich weiß, dass es Menschen gibt, die darauf stehen, dass Frauen ihre getragenen Unterhosen und Slips vakuumieren und versenden.

Jetzt habe ich was noch Krasseres gesehen: Es gibt mittlerweile einen Markt für dreckige und getragene Socken. Die Menschen bezahlen einen Haufen Kohle, weil sie gerne den Duft von fremden und dreckigen Socken inhalieren wollen. Alles was man in der Küche verschüttet und eine gewisse Menge nicht überschreitet wird mich einem Moonwalk ala Michael Jackson in Socken beseitigt.

Socken sind heutzutage der Teppich to Go.

Viele Frauen spucken erst auf die Banane, bevor sie diese essen.

Es ist eine Art von Dominanz, jemanden schweißriechende Füße ins Gesicht zu halten und er daran riechen muss.

Viele Menschen können sowas nicht verstehen. Ich liebe es, im Winter die warme Unterwäsche noch direkt aus dem Wäschetrockner anzuziehen. Es ist ein tolles Gefühl. Mir ist es egal, was die anderen Leute im Waschsalon denken.

Eine Norwegerin ist überzeugt dass sie als Katze zur Welt kam. Sie faucht auf der Strasse Hunde an und verlässt das Haus nur mit Fake Ohren und Schwanz. Sie wohnt in einem Mietzhaus. Spielt gerne Videospiele weil sie 7 Leben hat. Ihr Chef sagt dass ihre Arbeitseinstellung der einer Katze gleicht. Sie schleicht ins Büro, legt die Pfoten auf den Tisch und wartet auf die Mäuse.

Wasser konnte ich schon immer kochen.

12. FOOD AND COOK

Kannst du kochen? Das ist das mit dem Umrühren …

Ich denke, mit nichts kannst du Frauen besser umhauen als mit selbstgemachtem Essen und K.O.-Tropfen.

Ich finde, schwarzer Humor ist wie Essen. Kann nicht jeder.

Schokolade hat wenig Vitamin C. Deswegen sollte man sehr viel davon essen.

Ich bin nicht nur Comedian und Partysänger und Friseur – sondern auch leidenschaftlicher Hobbykoch.

Ich habe schon bei mehreren Fernsehkochformaten teilgenommen und veranstalte auch eigene Cookomedy-Shows. Da haben die Leute das komplette Programm. Kochen, Essen, Trinken, Unterhaltung und jede Menge Spaß. Bei meiner ersten Show meinte die Veranstalterin: »Du bist wirklich ein guter Comedian und kannst auch kochen ?« Nach der Show habe ich sie überzeugt: »Das waren die besten Spätzle, die ich jemals gegessen habe«, meinte sie. Mein Standardspruch ist normalerweise immer: »Ich kann schon kochen, aber das, was ich koche, kann man nicht essen …«

Meine Passion für das Kochen hat ziemlich früh begonnen – da beide Elternteile arbeiten waren, musste ich mir nach der Schule immer was zubereiten.

Eines der ersten Gerichte nach Wasser kochen waren dann Rühreier und Spiegeleier. Wobei ich mich mit Spiegeleiern nie anfreunden konnte, weil sie immer so glibberig waren. Später habe ich entdeckt, dass man sie auch wenden kann und darf.

Ich schaue wahnsinnig gerne Kochsendungen. Das ist für mich wie für euch Pornos.

Zero-Softgetränke bin ich leid. Lightprodukte haben keinen Zucker, dafür Aspartam. Das kann der Körper nicht abbauen! Ist wie eine Exfrau – die wirst du dein Leben lang nie los.

Nachbar: »Du trinkst schon Rotwein?«
    Ich: »Ja, den brauche ich zum Kochen.«
    Nachbar: »Was gibt es denn?«
    Ich: »Pommes!«

Ich habe mir ungefütterte Handschuhe gekauft.
Weiß jemand, was die so essen?

»Wie magst du deinen Kaffee?«
    »Ja, so schwarz, dass er sämtliches Licht absorbiert und ein Riss im Raum-Zeit-Kontinuum um die Tasse entsteht und wir in die Zeit zurückreisen.«

Ich werde euch hier auch eine paar meiner Lieblings- und Wohlfühlrezepte schenken, die auch euch schmecken werden.

WOHLFÜHL KAISER SCHMARRN

100 Gramm Mehl
30 Gramm Zucker
30 Gramm Rosinen
300 ml Milch
3 Eier
Vanille.

Alles zusammen rühren, dann mit Butter in einer Pfanne backen. 5 Minuten bei schwacher Hitze. Umdrehen. Dann in Stücke reißen. Puderzucker drüberstreuen. Karamellisieren lassen. Dazu passt Nutella oder Apfelmus.

FRENCH TOAST MIT SCHOKOCREME UND ERDNUSSBUTTER

Zuerst streicht ihr auf ein Toastbrot Schokocreme drauf. Am besten Nutella. Meine Eltern haben immer beim Aldi eingekauft, somit hatten wir immer nur die Billigvariante Nutoka im Haus. Aber die geht auch. Die andere Hälfte dann mit Erbnussbutter einstreichen. Heutzutage gibt es aber auch schon Schokocreme mit Erdnussbutter gemischt. Dann könnt ihr beide Hälften mit der Mischung bestreichen.

So zusammenfalten. Dann nehmt ihr 1 Ei, 50 ml Milch und Puderzucker. Verquirlt es. Dann wendet ihr den Toast in der Eiermilch. Danach in einer Pfanne mit Butter ausbacken.

Voilà … Wohlfühlessen à la Elvis Presley. Er nahm immer Bananen und Erdnussbutter.

Ich habe schon immer sehr gerne Pudding gekocht und zum Auskühlen auf ein Serviertablet getan. Mein Trick ist: Je mehr Fläche mein Pudding abgedeckt, umso mehr bestand der Pudding aus Haut. Ich liebe es. Anscheinend gibt es aber Menschen, die es hassen.

Ich war als Kind sehr schleckig (schwäbisch: Man hat nicht alles gegessen.), bei Bananen wurde mir immer schlecht und ich musste spucken. Also wenn meine Geschwister Bananen bekamen, habe ich eine Tafel Schokolade bekommen. Es war immer eine Milka Vollnussschokolade. Ich bin so getriggert, dass ich für diese Schoki töten würde.

Ich war schon immer sehr versiert in der Küche. Meine Gsälzbrote (schwäbisch: Marmelade) waren die Besten im Dorf. Essen tu ich alles. Ich hab mal Vegetarisch und Vegan gelebt, bis ich mich gefragt habe, wie ein Veganer sein Schnitzel paniert … dann war ich raus. Ich ernähre mich jetzt zu 60% vegan.

Hört endlich auf zu sagen, dass Mettbrötchen mit Zwiebeln das Frühstück in Deutschland ist. Nur weil ein paar Fleischjunkies morgens rohes Fleisch essen wollen, heißt das nicht, dass es alle anderen mögen. Es ist grauenhaft.

Genauso bescheuert ist es, dass die Amerikaner denken, Deutsche würden sich eine Gurke in den Weihnachtsbaum hängen, nur weil Heidi Klum das im TV erzählt. Oder sich mit einem Late Night Moderator im TV rumrollt und sagt: »Das ist die German Roll, das machen alle so in Deutschland.« So was Bescheuertes.

Anscheinend soll rohes Hühnchen sehr gesund sein.

Beim Kochen entscheidet aber immer nur der Geschmack. Wenn du gekocht hast und dein Kind fragt, ob das Abendessen ist oder eine Dschungelprüfung, würde ich mir Gedanken um die eigene Kochkunst machen.

Ich finde es schlimm, wenn Frauen nur aufs Kochen reduziert werden … Sie sollten auch backen können.

Ich liebe Nudeln. Bei mir gibt es dreimal in der Woche Nudeln: Montag, Dienstag und von Mittwoch bis Sonntag.

Ich beziehe meine Proteine nicht aus Proteinpulver, sondern aus echten Lebensmitteln. Ich nehme 20 Mahlzeiten am Tag ein. Medikamente soll man immer nach dem Essen einnehmen. Somit kann ich das bis zu 20 Mal am Tag machen.

164

Auf Hochzeiten gibt es meistens Schokobrunnen zum Dessert. Bei der letzten Feier würde ein Schild aufgestellt »Bitte halten sie keine Geschlechtsteile in den Schokobrunnen.«

Alles hat immer eine Geschichte ....

Es gibt eine Schokopizza von Dr. Oetker.

In einem Internetforum wurde über den Geschmack diskutiert. Ein User schrieb, dass die Schokopizza nach Hurensohn schmeckt. Dr. Oetker hat daraufhin geantwortet: »Wahrscheinlich warst du so gierig, dass du dir in den Finger gebissen hast.«

Bei Übelkeit esse ich gerne Schokolade und trinke Pfefferminztee dazu. Das hilft zwar nicht, aber wenn ich kotze, riecht es nach ‚After Eight‘.

Was ich nie verstehen werde: Ich gehe seit zwei Jahren zur gleichen Bäckerei, um meine Brötchen zu holen. Immer fragt die Verkäuferin, was ich gerne hätte. Bei meinem Dönerladen heißt es nach dem dritten Mal: »Hallo Chef, so wie immer?«

Bei mir kann man vom Boden essen. Da wird jeder satt.

Mein absoluter Lieblingsplatz ist eine Bäckerei. Es gibt nichts Schöneres als einen warmen, hyggeligen Raum, in dem einem der Duft von frischgebackenem Brot um die Nase weht.

Ich war mit meiner Freundin beim Bäcker und wollte ein paar französische Teilchen. Als wir dran waren, kam zuerst »Kehret ihr zamma?« (Gehört ihr zusammen?) Ich antworte dann immer: »Nein, ich sauge und sie wischt.« Dann lächelt die Bäckereifachverkäuferin und sagt: »Nein so war es nicht gemeint.« Der Gag funktioniert eigentlich nur im Schwabenländle.

Ich sage: »Ich hätte gerne zwei Crosseng.« Verkäuferin: »Ach, Sie meinen Croissant? Ja, ich tue Ihnen drei mitgeben, weil sie heute nicht so groß sind.« Ich bin 1,83 groß. Manchmal sagt sie auch: »Ich gebe Ihnen drei Brötchen mit, weil sie heute nicht so schön sind.«

Was mich irritiert, sind Angebote beim Bäcker.

»Guten Tag, ich hätte gerne 10 Brötchen.«

Verkäuferin: »Ich habe aber nur 9 da.«

Ich sage: »Okay, dann geben Sie mir diese 9 Brötchen.«

Verkäuferin: »Ja gerne, ich berechne Ihnen 10 Brötchen, weil 5 im Angebot sind.«

Ich bin ein kleines Schleckermäulchen. Zuerst esse ich einen Rinderbraten mit Spätzle, danach Käsekuchen. Dann wieder was Herzhaftes, ein Wurstbrot, danach wieder was Süßes, Gummibärchen. Dann wieder ein Käsebrot mit Zwiebeln und danach ein paar Schokokekse. Dann habe ich Lust auf saure Gurken … Hoffentlich bin ich nicht schwanger.

Witze über Tofu finde ich geschmacklos.

Wir Kanaken essen zu allem Brot. Es gibt keine Mahlzeit ohne Brot. Egal ob Nudeln oder Reis. Es gibt immer Brot dazu.

Eine Freundin kam mal mit Sushi um die Ecke. Selbst dazu hatte ich Brot. Ich glaube, wir essen sogar Brot mit Brot.

Ich mag gerne ungesättigte Fette, vor allem aus Avocados.

Was ich schlimm finde, sind ungesättigte Fette am Frühstücksbuffett.

Frank Rosin leckt sich beim Kochen immer die Finger ab. Ich frage mich, ob das bei einem Frauenarzt auch okay wäre?

Klar, darf sich ein Frauenarzt auch die Finger beim Kochen leckt. Aber sonst? Ich glaube nicht. Das lässt sich kein Frauenarzt gefallen.

An den Proktologen will ich gar nicht erst denken.

Darf man eigentlich »Puffreis« sagen? Oder ist das jetzt ein schokoladenüberzogenes Reishäppchen mit sexuellem Hintergrund?

Gefüllte Eier mit Erdnussbutter und Erdbeermarmelade sind nicht nur lecker. Sondern auch sehr günstig. Kosten 8 Euro für alles.

Ein Kindergeburtstag mit 15 Kindern ist gar kein Problem mehr.

Ich mag Kinder, vor allem wenn ich sie ärgern kann.
Stehe beim Bäcker. Hinter mit ein Kind mit seiner Mutter.
»Mama – es gibt nur noch vier Donuts.«
Verkäuferin: »Was hätten Sie denn gerne?«
Ich: »Vier Donuts!«

Ober: »Wie hat es Ihnen geschmeckt?«
Gast: »Ich habe schon einmal besser gegessen.«
Ober lächelnd: »Aber nicht bei uns.«

Ja, Frauen gehören in die Küche.
An die Arbeitsplatte.
Nackt!

Eine clevere Frau lässt Ihren Mann niemals hungrig oder geil aus dem Haus.

Frischhaltefolie wird in Fachkreisen auch gerne: »Ach – leck mich doch, du Drecksding« genannt.

Es ist Sonntag: Es liegt der Duft von frisch gebackenen Brötchen in der Luft. Es duftet nach frisch gebrühtem Kaffee und der Tisch ist liebevoll gedeckt.

Jetzt muss ich nur noch herausfinden, wo das ist.

Die größte Angst beim Backen ist, wenn ich während der Backzeit mit meinen Ofenhandschuhen nach draußen gehe und ein Falke sich auf meinen Arm setzt.

Sehr guter Tipp. Reis klumpt nicht, wenn man die Reiskörner einzeln kocht.

Im Rosinenbrötchen sind Rosinen drin.
Im Kürbiskernbrötchen sind Kürbiskerne drin.
Im Mohnbrötchen ist Mohn drin.
Ich habe jetzt Angst, das Bauernbrötchen zu probieren.

Ich habe meine Ernährung umgestellt. Die Kekse stehen jetzt links vom Laptop.

Mein Arzt hat gesagt, ich soll besser auf die Ernährung achten. Ich habe die Kekse jetzt im Safe eingeschlossen.

Es gibt Weine, die mit den Jahren besser werden.
Dann gibt es Jahre, die nur mit Wein besser werden.

Habe 32 Mozartkugeln gegessen. Ich kann immer noch nicht Klavierspielen.

Stiftung Warentest hat Besteck getestet. Das Messer hat am besten abgeschnitten.

Manche Menschen beziehen ihre Stärke aus Mais und Kartoffeln.

Der Unterschied zwischen Kantine und Casino? Im Casino ist das Essen immer Glückssache.

Ich wollte mir mal was kochen. Der erste Satz im Rezept war: »Nehmen Sie eine saubere Pfanne.« Ich hab mir dann eine Pizza bestellt.

Manche Menschen haben Ecken und Kanten – ich habe Rundungen.

Die Höchststrafe für Schwaben ist … Spätzle trocken essen zu müssen. Spätzle müssen in Soße schwimmen. Dazu ißt der Schwabe gerne Röstzwiebeln. Röstzwiebeln sind der schwäbische Kaviar.

Für Eiersalat und zum Überbacken festkochende Eier nehmen. Bei Rührei und Omelett immer mehlig kochende Eier nehmen.

Bitte niemals gelben Schnee essen.

Ich bin ein Weinkenner. Wenn ich Wein trinke, dann weiß ich gleich: Aha, das ist Wein.

Natürlich kann man immer in einer Zeitungsannonce punkten:

> Peter, guter Beruf, Eltern sind selbsständig. Schaue mir gerne Videos auf VHS an, habe kein DVD- und CD-Spieler. Spiele mit meiner Modelleisenbahn. Schaue mir gerne Kreisliga-Fussball an. Gehe ins Kino und fahre Fahrrad ohne E-Motor. Bin seit 1985 im Hasenzüchter-Verein. Ich suche junges Fräulein zwecks Haushalt, Einkaufsdienst und Heirat. (Polterabend: Spanferkel mit Salatarten und Brot. am Hochzeitstag gut Bürgerliches vom Rind, Wild, Schwein, Lamm und Geflügel. Mit Beilagen z.B. Spätzle oder Kroketten und Salatarten mit Brötchen). Zuschriften mit Bild bitte an den Verlag, Chiffre, 1234 Stuttgart.

Im Schwabeländle ist der Kartoffelsalat das, was für die Italiener die Tomatensoße ist. Der Kartoffelsalat ist das Highlight jeder Veranstaltung. Man sagt, mit einem Kartoffelsalat fällt und steigt ein Fest.

Was macht einen guten Piloten aus?
Er hat genauso viele Starts wie Landungen.

13. KOMISCHE FRAGEN

1. Warum werden Patienten in den USA immer im Rollstuhl rausgefahren, obwohl sie wieder gesund sind?
2. Bekommen weibliche Vampire ihre Nächte?
3. Warum ist nie besetzt, wenn man eine falsche Nummer wählt?
4. Warum sind Möhren orangener als Orangen?
5. Warum gibt es kein Katzenfutter mit Mausgeschmack?
6. Machen sich Esel immer eine Menschenbrücke?
7. Warum gehen Frauen niemals alleine aufs Klo?
8. Haben Pinguine Knie?
9. Stimmt es, dass Kaiser Caesar den gleichnamigen Salat erfunden hat?
10. Haben Sklaven Ihre Kinder geschlagen?
11. Gibt es nur in Schweden ‚schwedische Gardinen'?
12. Ist ein Elektroauto vollgetankt, wenn der Blitz einschlägt?
13. Warum haben Männer Fusseln im Bauchnabel und Frauen nicht?
14. Darf man in einem Schaltjahr auch Automatik fahren?
15. Warum leckt sich ein Hund an den Eiern? Weil er es kann.
16. Wenn der Mensch eine Weiterentwicklung von den Affen ist, warum gibt es dann noch Affen?

17. Wie weiß ein Blinder, wann er mit dem Hintern abwischen fertig ist?
18. Was hat der Schmetterling im Bauch, wenn er verliebt ist?
19. Wenn man einen Schlumpf würgt, welche Farbe bekommt er dann?
20. Müssen siamesische Zwillinge immer zwei Bahntickets kaufen?
21. Können Blinde ihre Träume sehen?
22. Warum können sich Frauen nur mit offenem Mund die Wimpern tuschen?
23. Warum werden bei Medical Detectives immer Geheimnisse der Gerichtsmedizin mit dem Fund eines Schamhaares gelöst?

Hab etwas Bausilikon übrig gehabt ... schön, oder?

14. BEIM ARZT

Auf dem Dorf gab es keine Kinderärzte. Wir mussten schon damals zu einem normalen Hausarzt. Es gab nur einen Arzt für alles. Ich glaube, er war auch Tierarzt und kam auch zu Hofgeburten. Er war ein so guter Arzt, er hatte sogar seinen eigenen Friedhof hinterm Haus.

Bei Husten empfahl er Abführmittel. Man traute sich dann nicht zu husten.

Der Urologe in unserem Dorf hieß Dr. Spieß.

Sein Spruch war: »Sind die Glocken länger als das Seil, beginnt des Lebens zweiter Teil.«

Ich musste zur »Digitalen Rektalen Prostatatastuntersuchung«. Da wurde die Prostata abgetastet. Aber da war nix digital. Alles analog.

Ich wartete im Wartezimmer. Dann durfte ich rein. Ich sagte: »Hallo, Dr. Spieß, wo soll ich meine Unterhose hinlegen?«

Er meinte: »Am besten neben meine.«

Dann musste ich mich nach vorne beugen. Eigentlich nahm man für diese Untersuchung Einweghandschuhe. Aber es war zur Coronazeit. Da gab es keine Handschuhe mehr. Also hat er eine Kasperlhandpuppe genommen.

Er sagte: »Es kann vereinzelt zur Erektion kommen.«

Ich sage: »Ich spüre nix.«

Da sagt er: »Wer redet denn von Ihnen.«

178

Mein Nachbar war beim Arzt. Er meinte, dass seine Strahlkraft beim Pipimachen nachgelassen habe. Als Baby kann man teilweise bis zu 10 Meter weit pinkeln und im Alter lässt es eben nach. Der Arzt gab ihm daher ein Placebo, weil es völlig normal war.

Aber mein Nachbar wollte es nicht wahrhaben und ein Wettpinkeln mit seinem Kumpel veranstalten. Es ging um eine Schachtel Granufink, damit sie nachts nicht rausmussten zum pinkeln.

Der eine meinte: »Ich habe früher die Rinde vom Baum weggesprengt.« Der andere meinte: »Ich habe dem Porzellan schon immer gezeigt, wer der Boss ist.« Beide fangen an.

Der eine ruft plötzlich: »Shit – ich habe mir auf die Schuhe gepinkelt.«

Sagt der andere: »Okay, du hast gewonnen«.

Ich leide an Paruresis. Ich kann nicht pinkeln, wenn jemand hinter oder neben mir steht. Ich brauche meine komplette Ruhe.

Als Trockenpinkler kommst du echt unter Druck, und wenn du nicht pinkeln kannst, tust du so, als würdest du pinkeln. Weil es nichts Schlimmeres gibt, denn als ein Voyeur betitelt zu werden.

Ein Nachbar war übrigens ein Spanner. Er ist gestorben. Viele Frauen in der Nachbarschaft waren froh, dass er jetzt weg vom Fenster war.

Es gibt zahlreiche Pinkeltypen:

1. *Aufgeregter Typ*
   Kann das Hosenloch nicht finden, zerreißt die Hose oder reißt die Knöpfe ab.
2. *Geselliger Typ*
   Geht nie alleine aufs Klo. Schließt sich immer mit anderen zusammen. Egal, ob er es nötig hat oder nicht.
3. *Schamhafter Typ*
   Kann nicht pinkeln, wenn ihm einer zusieht. Tut so, als hätte er gepinkelt und geht ungepinkelt fort.
4. *Gleichgültiger Typ*
   Pinkelt in den Abfluss, wenn alles besetzt ist.
5. *Müder Typ*
   Pinkelt durch das Hosenbein in seinen Schuh. Geht mit offenem Hosenstall raus und ordnet es zehn Minuten später.
6. *Praktischer Typ*
   Schreibt währenddessen noch eine Nachricht auf dem Smartphone.
7. *Angeber-Typ*
   Macht fünf Knöpfe auf, pinkelt freihändig und stylt sich nebenher die Frisette.
8. *Loser-Typ*
   Sucht verzweifelt in seiner Unterhose und gibt dann auf.

9. *Geistesabwesender Typ*
Geht aufs Klo, weiß nicht mehr, was er wollte
und pinkelt sich in die Hose.

Weil ich ein bisschen dick bin, sagte mein Arzt, dass ich
mehr Sport machen sollte. Hab mir dann einen Hula-
Hoop-Reifen gekauft. Was soll ich sagen … Er passt.

Eine Dame kommt zum Arzt und sagt: »Guten Tag, Herr
Doktor, ich glaube, ich habe Vagina pectoris.« Der Arzt
sagt: »Sie meinen Angina pectoris.« Die Dame: »Nein, es
ist Vagina pectoris, was kann ich da tun?« Arzt: »Wenn
das so ist, dann hilft nur Peniscillin.«

Mein Nachbar war beim Arzt, weil er meinte, dass seine
Frau nicht mehr gut hören würde. Der Arzt sagte zu ihm,
er solle einen kleinen Hörtest machen, da könne er herausfinden, wie schlecht seine Frau höre. Er solle immer eine
Frage stellen: Aus sechs Metern Abstand, aus drei und aus
einem Meter. Gesagt, getan. Mein Nachbar kommt heim
und seine Frau steht in der Küche und kocht das Essen.
Er fragt aus sechs Metern Abstand: »Schatz, was gibt es
zu essen?« Keine Reaktion. Dann geht er auf drei Meter
Abstand. Er schreit etwas lauter: »Schatz, was gibt es zu
essen?« Wieder keine Reaktion. Dann von einem Meter
fragt er wieder: »Schatzi, was gibt es zu essen?« Seine Frau
dreht sich um und bruddelt: »Ich sage es dir schon zum
dritten Mal, es gibt Hühnersuppe.«

»Sie müssen mit dem Masturbieren aufhören.«

»Was hat das mit meinem Beinbruch zu tun?«

»Nichts, aber Sie verwackeln gerade die Röntgenbilder.«

Ich war im Fitnessstudio und trainierte meinen latissimus dorsi. Dabei habe ich mir meinen Nacken gezerrt. Seitdem habe ich den Reflex, dass ich immer meine Schultern hochziehe. Ich bin zu meinem Arzt und frage ihn, was ich machen kann. Er schaut mich an und zieht dabei die Schultern hoch.

Dann wollte ich es rausmassieren lassen. Bei uns gibt es einen Thaimassagesalon, da stand auf dem Schild »Eine Stunde 9 Euro«. Ich dachte, dass das voll günstig sei. Dann aber entdeckte ich darunter das Wort »Selbstbedienung«.

Notizen

Ich trage Schlafanzug wie eine Prinzessin!

15. SPAR-TRICKS

Zum Abschluss noch ein paar Spartipps!

1. Zusammen duschen spart Wasser und Zeit.
2. Wattestäbchen benutzen. Frau linke Seite. Mann rechte Seite.
3. Schon zu Lebzeiten einen Sarg kaufen. Man umgeht komplett die Inflation.
4. Eine Zahnbürste teilen.
5. Einen Anzug mit 20 Taschen. Bei der Reinigung kann man Socken und Unterhosen reinstopfen.
6. In den Garten kacken. Dann denken vermeintliche Einbrecher, man hätte einen Hund und deswegen ganz große Haufen. Und umso größer der Haufen, umso größer der Hund.
7. Beim Brief Absender und Empfänger tauschen. Nicht frankieren. An wen geht der Brief, wenn er nicht ausreichend frankiert ist?
8. Senf und Ketchup immer aus dem Restaurant mitnehmen.
9. Zahnpasta-Tuben immer aufschneiden. Da sind mindestens noch 5 Portionen drin.
10. Zahnpasta selber machen aus Ton und Menthol.
11. Nutella als Sonnenschutz verwenden. Der Sonnenschutzfaktor liegt bei 9,6.
12. Klamotten im Geschirrspüler waschen.
13. Aus zweilagigem Toilettenpapier zwei Rollen zu Einlagigem rollen.
14. Ziegelstein in den Spülkasten. Das spart Wasser.

15. Zahnseide mehrmals verwenden.
16. Kaffeebeutel mehrmals benutzen.
17. Aus Kaffee Fensterputzmittel herstellen.
18. Beim Wiegen der Kirschen die Stängel wegmachen.
19. Kirschsteine vor dem Wiegen rausdrücken (Schwabenstyle deluxe)
20. Küchenpapier trocknen und mehrmals verwenden,
21. Kreditkarte einfrieren, damit die Frau nicht rankommt.
22. Alte Glühbirnen nie wegwerfen, sondern mit in den Urlaub nehmen und dann im Hotel gegen Neue umtauschen.
23. Teure Bio-Eier in eine Schachtel von billigeren Bodenhaltungseier tauschen.
24. Glühbirne im Kühlschrank rausdrehen.
25. Während des Duschens Klamotten anlassen und gleich mitwaschen.
26. Für die Familie einen Snackautomaten aufstellen. Es gibt Snacks und Süßigkeiten gegen Geld.
27. Solange wie möglich bei den Eltern wohnen. Ich musste mit 44 ausziehen, weil mein Vater ins Seniorenheim durfte.

I can fly like ... an elephant.

DANKSAGUNG

Ich möchte mich ganz herzlich bei meiner Familie, Freunden, Kollegen, Kindern und Kunden bedanken. Da fällt mir der Spruch von einem mexikanischen Obdachlosen aus San Francisco ein. Er meinte: »Zwei Worte werden dir viele Türen öffnen: ›Drücken‹ und ›ziehen‹.«

Wenn du hinfällst, stehe wieder auf.
Von da unten ist die Aussicht sehr beschissen.

Es kommt im Leben nicht darauf an, wie hart du zuschlagen kannst. Es kommt nicht darauf an, wieviel du austeilst. Sondern, wieviel du einstecken kannst und trotzdem weitermachst.
ROCKY

Ich habe als Azubi viel mit Modellen geübt.
Ich habe viel mit Puppen gemacht ...
ich habe zu viel mit Puppen gemacht ...